감03 콘크리트
GARM ISSUE 03 CONCRETE

초판 1쇄 발행 2017년 7월 1일
초판 5쇄 발행 2023년 2월 22일

발행인	윤재선
편집장	심영규
에디터	정사은, 정신오, 정경화
객원에디터	박지일
자문 및 기획	안재철, 김양길
디자인	스튜디오 플락플락 이경민
사진	김재윤
교정·교열	하명란, 김종오
발행처	에잇애플㈜
출판등록	2017. 4. 14.(제2017-000078호)
주소	06580 서울특별시 서초구 서래로6 B1층
전화	02-537-1536
팩스	02-537-1532
전자우편	info@8apple.kr
홈페이지	garmmagazine.com
SNS	ⓞ garm_magazine
	ⓕ garmssi
ISBN	ISBN 979-11-961156-3-0
	ISBN 979-11-961156-4-7(세트)

감씨는 에잇애플에서 발행하는
건축재료 단행본 시리즈의
브랜드입니다.

8APPLE

GARM

건축재료 처방전
감03 콘크리트

garmSSI

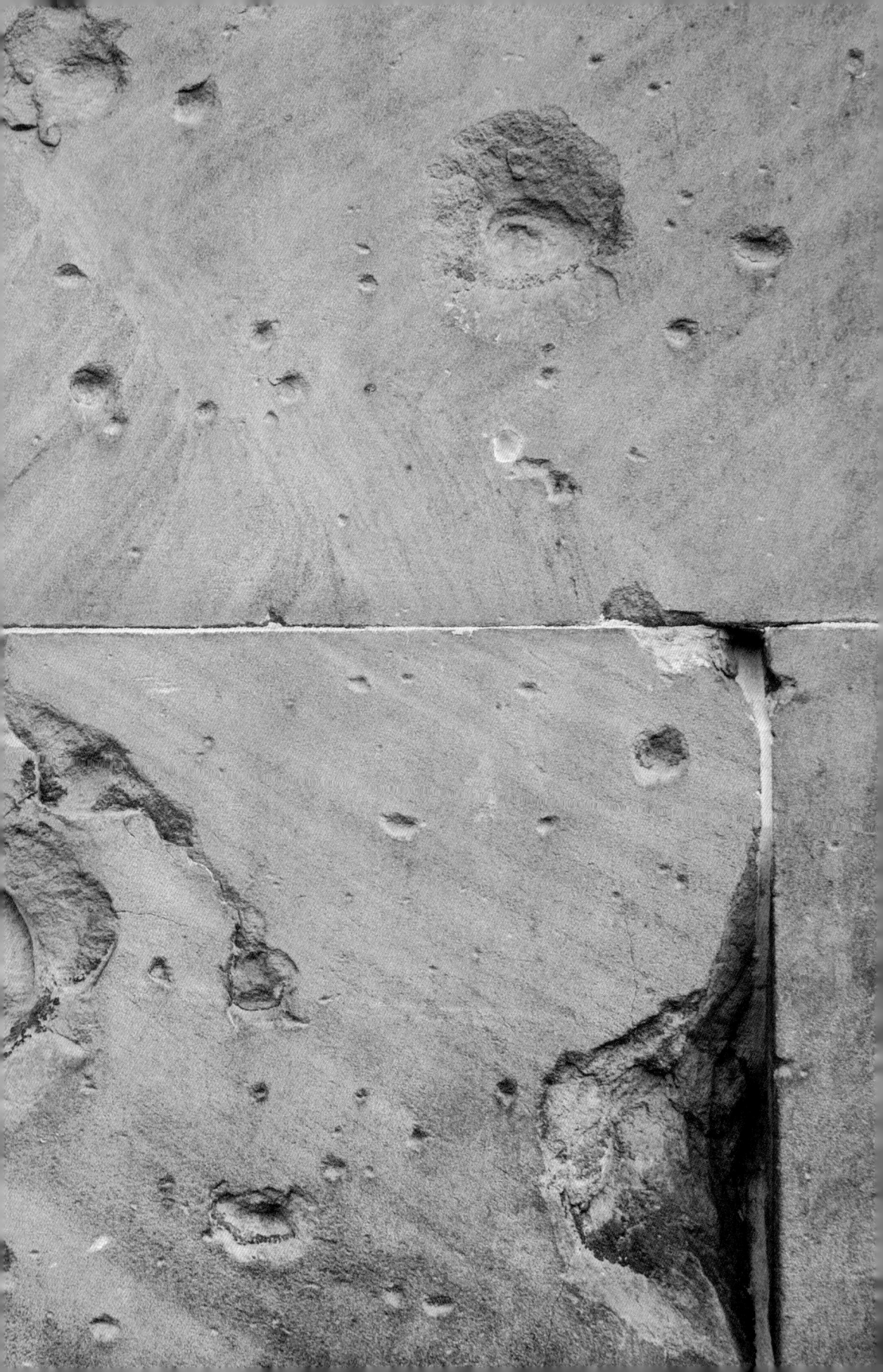

Prologue

중간기술로의 안내

이 책은 개인의 창조력을 현실화하는 방법을 함께 논의하기 위해 만들었다. 현대사회가 고도의 분업화와 소비사회로 돌입하면서 사람들은 스스로 생각하고 만들고 꾸미기보다 '서서히 그리고 급진적으로' 구성된 공간에 맞춘 삶에 익숙해지고 있다. 나무에 못질을 해 의자를 만들어주시던 아버지의 모습은 먼 기억 속의 추억으로 남거나, 한낱 과시를 위한 남성의 로망으로 전락했다. 전등을 교체하는 일과 간단한 망치질, 그리고 사다리를 펴고 올라가 살피는 일조차도 전문가에게 맡기는 것이 일반화되었다. 그러는 사이에 사람들은 일과 사물, 공간으로부터 소외되어 인간 본연에 내재한 창조성과 창작성을 잃어버린 존재가 되어가고 있다.

인간은 스스로 생각하고 스스로 만들며 스스로 진화한다. 신인류 '호모 사피엔스(생각하는 사람)'는 '호모 파베르(도구를 사용하는 인간)'란 의미를 포함하고 있다. '도구를 사용하는 인간'이란 뜻은 도구가 인간을 구성하는 동시에 특징짓는 근원임을 말하고 있다. 즉 우리는 도구를 사용하여 자생적인 삶을 누릴 수 있는 존재이다.

다행히도 최근 사회 전반적인 추세인 DIY(Do It Yourself)와 미국의 '차고 문화'(스스로 만들고 고치는 문화), 'Making Movement' 등의 동향은 인간 본연의 창조성을 되찾을 수 있는 긍정적인 변화이다. 이를 바탕으로 실리콘밸리 중심의 창조경제는 새로운 산업 동향으로 자리 잡았고 눈부시게 발전하고 있다. 자신에게 필요한 것을 스스로 생각하고 만들어갈 때에 비로소 세상에 필요한 무언가를 다시 태어나게 하는 창조성이 발현된다.

한 시대를 변화시킨 애플사는 차고에서 시작했으며 스타트업(start-up)의 붐을 일으킨 테크숍(tech shop)은 차고 문화에서 시작했다. 이 책은 인간 본연의 창조성에 귀를 기울이고, 동시에 인간의 기본적 권리이며 누구나 누려야 하는 행복추구권을 사람들에게 되돌려줄 수 있는 촉매제가 되고자 한다. 사람에게 가장 중요한 의식주 중에서 머무는 '주'를 중심으로 자신의 공간을 스스로 만들 수 있는 최소한의 방안을 마련해주기 위함이다. 그 시작은 건축의 가장 작은 물리적인 단위(unit)인 재료에 대한 고찰이다.

수많은 재료 중 접근이 쉽고 많이 쓰이는 재료를 위주로 조사, 연구하였으며 재료의 특성(선택), 유통(구매), 가공(1차 가공), 조립, 보호 그리고 보수 등과 관련한 건축 재료의 사용설명서(specification)를 만드는 데 집중했고 객관적인 기준을 가지고 유사 재료들과의 비교와 발굴 그리고 평가를 그 기본 축으로 세웠다.

필자는 30년간 건축을 업으로 여기며, 뜻밖에도 건축 전문가들이 각 재료의 특성과 시공 방법을 자세히 알지 못해 잘못된 방식으로 건축하는 것을 보고 사전에 문제를 차단할 수 있고 기준이 되는 기본 사용설명서를 만들길 희망했다. 단순히 학문적인 접근보다 현장 속에서 직접 배운 사례를 토대로 실질적인 접근을 통해 시공성과 하자 예방 등과 같은 유의 사항을 비롯해, 차후 벌어질 수 있는 보수 방안을 제시하고자 한다. 하자의 원인을 규명하고 설계 단계부터 적용하기 위해 도면상의 표기 또한 중요하게 취급하길 바란다. 무엇보다 대중과의 의사소통을 위해 좀 더 세심하게 표현을 하고자 했다.

앞으로 재료에 관한 책은 기초편과 심화편으로 나누어 기본적인 내용과 전문적인 내용을 구분해 다루어 보고자 한다. 재료 선택과 구입 그리고 시공까지 복잡한 과정을 한눈에 정리하여 그 과정을 큐레이팅하려고 한다. 기존의 전문 기술자만이 다룰 수 있다고 여겨지는 특수전문 시공기술 일부를 일반인이 몇 번의 실습으로 습득할 수 있는 중간기술의 영역으로 끌어내리도록 사용 가이드를 정립하여 일반인에게 많은 부분을 전수하고자 한다.

모든 사람들이 순수한 노동의 가치를 투여해 자신에게 내재된 의지를 되찾아 마땅한 권리와 행복을 찾아가길 바라며, 이 책이 그 길에 도움이 되길 염원한다.

2017년 6월
발행인 윤재선

보이지 않는 도시의 콘크리트

콘크리트를 이야기할 때 빼놓을 수 없는 건축가 2명이 있다. 현대건축의 아버지인 르 코르뷔지에(Le Corbusier)와 콘크리트의 마법사 안도 다다오(Ando Tadao)다. 한 명은 콘크리트를 사용해 본격적인 현대건축의 기본을 완성했고 또 다른 한 명은 말끔한 외관의 노출콘크리트로 현대건축의 상징이 됐다.

'지난 100년간의 근대성의 흡수'를 주제로 한 2014년 베니스 비엔날레 건축전시가 한창인 자르디니 공원 주제관 앞마당. 이곳에 르 코르뷔지에가 1914~15년에 디자인한 '도미노 프레임'이 설치됐다. 여섯 개의 철근 콘크리트 기둥과 세 개의 바닥 판 그리고 계단으로 구성된 구조물이다. 이 시스템을 이용하면 벽은 물론이고 창문과 지붕, 바닥도 마음대로 할 수 있다. 건물의 주요 기능을 구획하는 벽체와 지붕을 구조체와 분리해 모든 하중을 기둥이 지탱하되, 내부의 입면이나 평면을 자유롭게 구성하는 것이다. 본격적인 현대건축의 탄생이다. 도미노 프레임이 도입된 이후 유럽의 건축과 도시는 송두리째 바뀌었다. 우리가 사는 아파트 역시 이 영향을 받았다.

안도 다다오는 24세 때부터 전 세계를 다니며 여행을 했고 르 코르뷔지에에 빠져든다. 28세 때 노출콘크리트를 사용한 단독주택인 스미요시 나가야(住吉の長屋, 1976)로 일본건축학회상을 받으며 화려하게 데뷔한다. 오사카 주택가에 있는 이 작은 집은 출입구만 빼고 사방이 모두 콘크리트 벽으로 둘러싸인 공간이다. 폭 3.6m, 길이 14.4m의 좁은 공간에 중정(中庭)을 두어 햇빛과 바람, 빗물 같은 자연을 집안 깊숙이 끌어들였다. 안도에게 프리츠커상을 안겨준 빛의 교회(1989)는 외부의 자연광을 내부로 끌어들여 콘크리트의 한계를 극복한 노출콘크리트 건물의 백미다. 침묵의 공간에서 십자가 형태의 틈새로 빛이 들어온다. 가장 성스러운 순간이다. 자서전에 따르면 안도가 1970년대부터 노출콘크리트를 사용한 것은 아름다움만을 위한 것은 아니었다. 제한된 예산과 땅에서 최대의 공간을 확보하는 가장 간결하고 저렴한 방법이라는 것이 제일 큰 이유다. 그는 한 걸음 더 나아가 콘크리트라는 재료의 무한한 가능성을 인지했다. "노출콘크리트는 가소성이 있어 어느 곳에나 사용할 수 있는 순수한 재료"라고 말한다.

콘크리트는 벽돌과 목재보다 우리 도시에 많이 숨어 있다. 노출콘크리트 같은 외장재뿐 아니라 기초와 기둥 그리고 바닥과 벽, 천장까지 콘크리트가 쓰이지 않은 건축이 없다. 다행히 한국은 콘크리트가 풍부한 나라다. 양질의 포클랜드 시멘트를 마음껏 구할 수 있고 연간 레미콘 시장은 수조 원에 이른다. 인구 증가와 급격한 산업화로 콘크리트는 초고층 아파트가 되고 125층 마천루에도 쓰이며 지금 앉아 있는 사무실의 벽과 천장과 바닥에도 사용된다. 우리는 콘크리트 덕에 넓고 충분한 공간에 머물 수 있다. 콘크리트는 벽돌과 벽돌을 이어주는 줄눈도 되고 철근과 만나 가장 경제적이고 간결한 구조도 된다. 콘크리트는 건축을 '더 빨리, 더 높이, 더 크게' 만들기 위한 욕망에 부응하며 더 빨리 굳고 더 단단해지고 있다. 그러면서 시멘트인 자연재료에서 점차 화학 물질로 바뀌고 있다. 우리가 잘 인식하지 못하는 콘크리트의 존재처럼 콘크리트는 어느새 화학물질 범벅이 되었다. 최근 에너지 절약과 인체에 무해한 친환경에 대한 관심이 증가하면서 콘크리트를 다시 봐야 할 이유가 생겼다. 화약 물질이 된 콘크리트는 딱딱하게 굳어지면서 내부의 해로운 약품을 외부로 뿜어내고, 간결성을 가진 노출콘크리트는 자칫 잘못하면 단열 문제가 생기기 쉽다. 이제 우리는 순수한 콘크리트에 관심을 가져야 한다. "콘크리트는 맨몸으로 승부를 해야 하는 가장 간결하고 순수한 재료"이기 때문이며 "특유의 회색과 함께 세월이 지나도 변치 않는, 어쩌면 인간이 창조하였으나 인간보다는 자연의 시간을 닮은 재료"이기 때문이다.

편집장 심영규

레미콘 공장 내부. 지하 창고에 모래와 골재,
시멘트를 저장하고 배합할 때 컨베이어벨트를
이용해 필요한 양만큼 운반한다.

콘크리트는 재료 자체로 구조와 마감을
동시에 해결해 공간을 넓게 사용하고
창을 자유롭게 낼 수 있다. 사진은 건축가
곽희수가 설계한 기장 웨이브온(p.78)

1978년부터 2000년까지 정수장으로
사용되었던 선유도는 2002년 4월 시민
공원으로 재탄생하였다. 오랜 세월의
흔적을 고스란히 품고 있는 콘크리트가
자연과 어우러져 있다.

Contents

1

Story of Concrete

판테온 신전
이탈리아 로마에 있는 판테온 신전은
118~128년경 지어졌다. 모든 신들에게
바치는 만신전으로 사용됐다. 콘크리트 돔
한 가운데의 원형 개구부가 하늘을 향해
열려 있다.

History of Concrete

콘크리트의 역사: 바벨탑과 콘크리트

안재철(동아대학교 교수)

역사는 변화의 기록이며, 변화의 근저에는 욕망이 있다. 거창하게 들리지만 콘크리트의 역사는 인간이 바벨탑을 구축했던 역사와 크게 다르지 않다. 성서에 나오는 바벨탑은 벽돌, 역청과 같이 강한 재료의 결합력을 토대로 구축되었다. 목적과 기능을 위한 공간이라기보다는 현대의 랜드마크와 같이 구축행위 그 자체에 의미를 두었다. 바벨탑이 전통적으로 사용된 재료에 대한 유한성과 지역성을 동시에 나타내는 데 반해 콘크리트는 환경 따위엔 흔들림 없어 보이는 빛바랜 회색에 이음매 없이 한 덩어리로 이루어져 다양한 구축의 욕망과 디스토피아적 이미지를 동시에 표현한다.

경화하는 물질을 찾아서

콘크리트의 역사는 견고한 구축을 위한 돌과 같은 물질의 발견으로 시작되어 최적화된 설계를 위한 원리 규명과 품질관리, 그리고 초고층, 대공간을 실현하는 기술 발전으로 이어져 오고 있다. 현재까지도 다양하게 변화하는 환경에 대응하며 진화하는 과정 중에 있다. 그 역사는 피라미드(BC 5000년경)의 시기까지 거슬러 올라간다. 당시 단단하게 굳는 불멸의 재료를 개발하기 위해 다양한 시도를 했다. 공기 중에 경화[1]하는 성질을 가진 기경성(氣硬性) 석회의 개발(BC 2000년)부터 물과 반응하여 경화하는 수경성(水硬性) 석회를 거쳐 마침내 시멘트를 개발(1824년)하는 과정으로 이어진다. 이후 시멘트를 사용하면서 발생하는 크고 작은 문제점을 보완했다. 수경성 시멘트를 사용하면서 수화열[2]로 인해 생기는 균열, 이산화탄소 등의 온실가스나

건설과 철거 과정에서 어마어마하게 배출되는 폐기물 등의 환경 부하와 같은 문제도 있어 성분의 비율을 바꾸거나 다양한 시멘트 대체재료에 대한 연구도 했다. 제철공장과 화력발전소에서 철 이외에 형성되는 불순물인 고로슬래그(blast furnace slag), 석탄 등을 연소할 때 생기는 재인 플라이 애시(fly ash)와 같은 산업 부산물도 적극 활용하게 되었다. 이러한 산업부산물이 초기에 시멘트를 만들 때 화산재와 석회를 섞어 사용하거나 불에 구운 소성황토를 섞어 사용했던 것과 동일한 화학적 반응을 일으킨다는 것이 밝혀지면서 시멘트를 대체하는 건강한 전통 재료로 국내에서 선풍적인 인기를 얻기도 했다.

근대기 콘크리트의 도입

흔히 20세기를 '기계시대(Machine Age)'라고 부른다. 기능에 최적화하며 만들어진 형식이

'기계'이며, 이러한 기능적 또는 기계적 합목적성이 사회를 변화시켰다고 인식한 것이다. 뉴턴의 사과 한 알로 우주의 섭리를 파악했다고 믿게 된 인류는 도시와 건축도 인간의 삶이라는 기능을 수행하는 거대한 기계로 인식한 듯하다. 이 시대의 근대인은 유리, 철, 콘크리트와 같은 새로운 공업화된 재료를 생산하게 되었다. 나아가 이전까지 유행하던 건축의 고전주의 조형이 콘크리트 건축으로 보편화되면서 필요한 강도와 구조적 성능을 위해 배합에 대한 연구를 하기 시작했다.

이때 시멘트와 물의 비율이 강도를 결정한다는 '물시멘트비[3] 이론(p.21 참고)'이 나와 원하는 강도를 산업제품처럼 생산할 수 있는 성능 설계가 가능해졌다. 또한 구조 분야에서도 콘크리트를 어떻게 활용하고 모델화할 것인가에 대한 과제를 해결하기 위해 건축가의 상상력을 엔지니어가

바벨탑 구약성서 창세기에 등장하는 바벨탑은 높고 거대한 탑을 쌓아 하늘에 닿으려 했던 인간의 욕망을 상징한다.

피라미드 고대 이집트 묘의 한 형식으로 주로 왕과 왕비의 무덤으로 사용하였다. 가자지구(Gaza strip)에서는 시멘트의 원료인 석회를 모래와 섞어 피라미드를 지었다.

©Keled Naya

카바나 빌딩
아르헨티나
부에노스아이레스에 있는
아르데코 형식의 콘크리트
건물로, 1936년 완공되었을
당시 라틴아메리카에서
가장 높은 초고층(33층)
건물이었다.

©urbzoo

관동대지진
1923년 9월 1일 일본
가나가와 현 사가미 만을
진앙지로 발생했던 큰
지진으로 피해의 원인이
당시 철근콘크리트 구조임이
밝혀지면서 1950년대까지
이형철근의 사용이 중단되는
사태가 빚어졌다.

산타크루스데테네리페 음악당 스페인 카나리아 제도, 산타크루스데테네리페 주에 위치한 음악당으로 콘크리트로 덮인 반구의 형태이다.

해석하는 '해석이론의 발전'을 이루며 점차 철근콘크리트조의 가능성을 확장해갔다.

건축 분야에선 1919년에 일본에 의해 '시가지 건물법'이 공포되고 다양한 시공 규칙이 만들어졌다. 이때 콘크리트 배합이 정해졌다. 콘크리트는 경험과 실험을 토대로 시멘트, 모래, 자갈의 용적비율을 1대 2대 4로 배합해 강도 45kg/㎠를 만들고 1대 3대 6을 강도 30kg/㎠의 콘크리트 배합으로 정했다. 이 배합 비율은 지금 콘크리트를 만드는 데 사용되고 있다. 1924년에는 미국의 표준사양서가, 그다음 해에는 독일의 표준규격이 개정되었고 이에 자극받아 일본에서도 통일된 시험규격을 만들 필요성이 제기되어 1926년에 미국재료시험학회(ASTM, American Society for Testing and Materials)를 토대로 콘크리트 시험에 관한 표준을 만들게 됐다.

보강의 역사
시멘트 개발 직후부터 1867년 철근콘크리트가 발명되기까지 콘크리트의 가장 큰 단점인 인장력을 보강하기 위해 다양한 건축용 재료로 보강법이 개발됐다. 철근콘크리트 구조의 도입기에 1906년 발생한 샌프란시스코 대지진에서 철근보강의 필요성이 확인되어 당시 기술자들은 다양한 돌기를 가진 이형철근을 생산했다. 그러나 1923년 일본의 관동대지진으로 인한 많은 피해의 원인이 당시 철근콘크리트 구조임이 밝혀지자 1950년대까지 이형철근의 사용이 중단되는 사태가 빚어지기도 했다. 최근엔 꾸준한 연구를 통해 GFRC와 같이 섬유를 넣어 인장력을 보강하는 콘크리트도 개발될 정도다. 이처럼 건축물이라는 다양한 힘이 작용하는 구조물에 최적화된 재료와 구조 시스템으로 활용하기 위해 콘크리트를 보강하는 기술 개발이 계속되고 있다.

도시 발전과 고성능 콘크리트
도시가 빠른 속도로 발전하면서 건축물은 고층화되고 대규모 공간도 필요하게 되었다. 이에 따라 구조물 위에 고정된 하중[4]을 포함하여 상부 하중을 지지할 수 있는 더 강한 콘크리트에 대한 연구를 시작했다.

1960~70년대에는 콘크리트의 강도를 높이기 위하여 첨가하는 고성능 감수제[5]의 개발이 활발히 이루어졌으며, 그 결과 1980년대 낮은 물시멘트비의 고강도 콘크리트가 개발되었다. 1990년대에 들어 국내에서도 50~80MPa의 고강도 콘크리트가 초고층 주상복합 프로젝트에 활발히 사용되기 시작했다. 그리고 고강도 콘크리트의 높은 내구성이 주목받으면서 미국, 유럽 등에서는 '하이퍼포먼스 콘크리트(고성능 콘크리트)'로 불려졌다. 곧이어 일본에서는 콘크리트가 경화되기 전에 진동을 주고 내부 공기층을 빼내어 내구성을 다지게 하는, 다짐 과정이 불필요한 고유동 콘크리트를 개발해 1990년대 초고층 건축을 위한 기반 기술을 준비했다.

고유동 콘크리트는 타설이나 철근 배근이 과밀한 곳에서 콘크리트를 부어넣을 때 충전성이 높고 복잡한 형태도 가능할 뿐 아니라 작업에 소요되는 경비, 시간, 작업 인원을 줄일 수 있다는 장점이 있다. 국내에서는 기능공의 고령화, 숙련공의 부족, 특수 환경하에서 건설공사의 증가, 부실공사 등의 건설업계가 직면한 어려운 환경 조건을 해결하고자 건축재료와 공법에서 작업성을 개선하려는 시도가 현재까지 이어지고 있다.

새로운 수요와 미래의 역사
환경은 생명체뿐만 아니라 기술 진화의 배경이 된다. 지구온난화 문제와 이에 따른 '녹색', '지속가능성' 등의 슬로건은 빠른 속도로 모든 산업의 기술 개발 방향을 돌려놓았다. 콘크리트 분야에서도 기존에 발생하던 다량의 폐기물을 다시 사용하기 위해 재생재료에 관한 연구를 비롯해 재료 생산과 시공, 그리고 유지 관리의 전 사이클에 걸쳐 환경 부하 발생량을 관리하는 새로운 시각이 생기게 되었다.

이외에도 인테리어 분야에서 많이 활용되는 거친 콘크리트의 이미지는 현대 한국인의 삶과 디자인 철학을 콘크리트의 다양한 질감에 대한 연구와 시도를 통해 반영한 새로운 해석과 적용이라고 볼 수 있다.

용어정리
1) **경화(硬化)** 조직 따위가 단단하게 굳어지는 현상
2) **수화열(水和熱)** 물의 분자나 이온이 수화될 때 방출되는 열
   —**수화(水和)** 시멘트 분자나 이온이 물과 결합하여 하나의 분자군을 이루게 되는 작용
3) **물시멘트비** 물의 양을 시멘트 양으로 나눈 비율
4) **하중(荷重)** 물체에 작용하는 외부의 힘 또는 무게
5) **고성능 감수제** 콘크리트 혼합제의 일종으로 시멘트와 물을 비비는 동안 콘크리트의 고강도화와 유동성을 높이는 첨가제

나카 긴 캡슐타워
도쿄 신바시에 위치한 혼합주거와 사무용
타워다. 실제 사용을 위해 만들어진 캡슐
건축의 최초의 사례다.

Evolution of Concrete

콘크리트의 진화: 내구성과 유동성

안재철(동아대학교 교수)

콘크리트의 3대 성능은 강도, 내구성, 작업의 용이성이다. 콘크리트(concrete)의 어원인 결합(concretus)은 석재에 비견되는 콘크리트의 강도에서 비롯된다. 더불어 건축물의 수명을 100년 가까이 안전하게 확보하게 된 것도 이 내구성에서 비롯된다. 콘크리트는 특유의 회색과 함께 세월이 지나도 변치 않는, 어쩌면 인간이 창조하였으나 인간보다는 자연의 시간을 닮은 재료의 이미지를 갖게 된다. 그리고 플라스틱, 철강 재료와 함께 액체의 상태로서 형상을 빚어내는 자유로운 유동성은 현대 디자인의 해방을 이끌어낸 주요 기능이자 물성으로, 콘크리트가 현대건축에서 가장 사랑받는 계기가 되었다.

강도

콘크리트의 강도는 1918년 아브람스(Duff A. Abrams)의 『Design of Concrete Mixes』의 '물시멘트비 이론'이 정립되어 골재의 배합 비율보다 물과 시멘트의 비율에 의해 결정된다. 그러나 관련 학문이 발달하기 이전에는 물시멘트비로 콘크리트의 유동성[1]을 조정했고, 이로 인하여 강도와 유동성은 서로 양립할 수 없어 하나를 선택해야 하는 문제, 즉 트레이드오프의 관계를 나타내게 되었다. 이에 따라 작업성을 확보하는 범위 내에서 가능한 물시멘트비를 낮게 하기 위한 기술개발이 최근까지 이루어졌고 그 결과로 AE제, 유동화제, 감수제, 고성능 감수제가 개발되어 시멘트계 제품의 고강도화와 고유동화가 가능해졌다(p.57 참고).

또한 물시멘트비에 의해 결정되는 콘크리트 내부 공극[2]량은 각종 기체, 액체, 그리고 입자상의 유해물질의 확산경로가 되기 때문에 내구성과 강도는 물시멘트비에 의해 결정되게 된다. 따라서 물에 의존하지 않는 작업성의 확보는 콘크리트의 강도를 급격히 증가시키는 원인이 되었다. 현재 레미콘 공장에서의 콘크리트 생산 규격은 18, 21, 24, 27MPa 등으로 정해지고 있으며, 40MPa 이상을 고강도 콘크리트라고 한다. 호칭강도[3]는 과거에는 단위면적당 하중으로 180, 210, 240 kg/㎠와 같이 표시하였으나 국제표준단위(SI)를 적용하면서 약 9.8로 나눈 값을 메가파스칼(MPa, N/㎟)로 표시하게 되었다. 레미콘의 규격은 25-21-120과 같이 '굵은 골재 최대치수(㎜)-호칭강도(MPa)-슬럼프(㎜)'로 표시한다(p.45 참고).

초기엔 100층 규모의 랜드마크를 건설하기 위해 고강도 콘크리트가 쓰였으나 최근에는 50~80MPa 범위의 고강도 콘크리트의 사용이 점차 증대하고 있고 이를 통하여 부재단면 축소를 통한 자중 감소와 내구성 증진, 공기 단축의 효과를 얻고 있다. 일반적으로는 수화열 저감과 고층부 펌프 압송성[4], 그리고 장기 내구성 증진을 위하여 실리카 흄(silica fume)과 플라이 애시(fly ash) 등의 혼화재가 사용되고 있다.

유동성

동양권에서 최소 1,000년 이상 쓰인 석재, 목재, 흙의 사용이 줄어든 이유는 무엇일까? 필자는 그 답을 유동성, 즉 액체 상태로 형태를 만드는 능력이 있는 소재의 발전때문이라 생각한다.

강도와 함께 콘크리트의 활용성을 극대화할 성능이 유동성이다. 특히, 고강도화를 위한 감수의 목적으로 개발된 혼화제는 콘크리트의 유동성을 강도와 트레이드오프해야 하는 관계에 있는 물의 사용을 자유롭게 하면서 고유동 콘크리트, 마감재로는 물과 같이 스스로 마감면을 평활하게 만드는 '셀프레벨링재'의 개발까지 이루어졌다.

고유동 콘크리트는 다짐을 하지 않더라도 거푸집 안에서 스스로 철근 사이로 흘러들어가 빈틈없이 채우는 높은 유동성을 가지며, 유동 중 재료 간 분리가 생기지 않고 균일성이 유지되는 콘크리트를 말한다.

그러나 고유동 콘크리트는 혼화재료를 많이 사용해 지나치게 비경제적인 강도가 발현된다는 문제가 있다. 그래서 보통강도 범위의 준고유동 콘크리트(슬럼프 180㎜ 이상, 슬럼프 플로우 500㎜ 이하)를 사용하는 것이 실용적이다.

이러한 뛰어난 유동성 덕에 거푸집 표면의 가공을 통해 나무질감을 포함하여 디지털 무늬까지 다양하게 표현할 수 있고 형태 역시 자유롭게 만들 수 있어 디자이너의 창의성을 충족하게 된다.

표현재

건축에서 재료를 연구하는 것은 재료의 물질성과 공간의 관계를 고민하는 것이다. 이런 측면에서 1950년대 '구체예술'로서 텍스트의 물질성과 조형성에 주목하여 공간적으로 전개한 실험적 시를 '콘크리트 포이트리(Concrete Poetry)'라고 말한 것은 흥미로운 사례다. 일본의 건축가 안도 타다오에 의해 치장 목적으로 콘크리트의 질감이 주목받게 되면서 우리나라에서도 노출콘크리트의 사용이 널리 이루어지게 되었고 과거에 비해 거푸집 처리와 색상관리 기술의 발달로 표면 상태가 우수한 사례를 쉽게 볼 수 있다.

또한 흑색과 백색뿐 아니라 다양한 색상의 콘크리트 사용도 종종 볼 수 있다. 블랙 콘크리트는 탄소와 산화철계 분말을 강도에 영향이 없는 범위에서 사용하며, 분산 효과를 위하여 혼화제에 혼입된 상태로 판매되고 있다. 백색 콘크리트는 백시멘트가

윤동주 문학관
수도가압장을 리모델링한
윤동주 문학관(2012)은
콘크리트의 표면에 물때를
그대로 살려 물을 담았던
시간의 흔적을 고스란히
드러내고 있다.

레미콘을 사용하기 전에
슬럼프와 강도, 염분량에 대한
다양한 시험을 한다.

약한 황색을 띠므로 백색 안료를 혼합하여 사용하고 있다.

색상 외에도 기존의 안도식 노출콘크리트 표현에서 벗어난 새로운 시도도 눈에 띈다. "잘 만들어진 콘크리트는 대리석보다 아름답다"는 말을 한 오귀스트 페레(Auguste Perret)는 많은 작품에서 콘크리트의 질감 표현을 위한 다양한 실험을 했다. 또한 건축가 이소진의 윤동주 문학관(2012)은 물때를 살린 콘크리트의 에이징 효과를 의도했다. 거푸집 사이로 페이스트[5]가 새도록 거푸집을 배치해 콘크리트의 새로운 질감으로 이끌어낸 푸하하하 프렌즈의 진해 흙담 프로젝트(2014)는 재료의 생성 과정과 시간을 잘 읽어낸 좋은 시도다.

이렇듯 콘크리트라는 재료를 처음 접한 근대인들은 마치 새로운 물감을 발견한 듯 다양한 표현 방법을 연구하였다. 일본에서는 특정 지역 장인의 콘크리트 마감 면을 지역의 문화 브랜드로 활용하고 있으며 국내에서도 많은 근대건축에서 표면 거칠기와 골재의 노출 등을 이용한 질감 변화를 시도하고 있다.

약간의 골재노출과 물기포 자국, 그리고 미세균열 정도는 노출콘크리트의 생성 과정을 보면 오히려 자연스러운 물성 표현이자 콘크리트만의 질감이 아닌가 싶다. 요즘은 '한 획의 재료'라고 일컬어지는 노출콘크리트의 지나치게 말끔한 표면마감은 '획'이라는 흐름과 과정이 생략된 인쇄된 붓글씨를 보는 느낌이다.

콘크리트와 수명

철근콘크리트 건축물의 수명이 다되었다는 것은 무슨 뜻일까? 인간의 경우에는 식물인간, 뇌사 등 의학적 죽음에 대한 정의가 다양하다. 원래 콘크리트는 편의상 28일에서의 강도를 품질관리의 기준으로 하고 있으나 시간이 갈수록 더욱 단단해진다. 그렇기에 철근콘크리트 건물의 수명은 콘크리트가 더 이상 철근의 부식을 보호하지 못하는 상태에 끝난다. 콘크리트는 시멘트와 물이 반응하여 생성된 수산화칼슘[$Ca(OH)_2$]이 강알칼리성을 나타내기 때문에 철근의 부식을 막아주는 역할을 한다. 그러나 수산화칼슘이 공기 중의 탄산가스(CO_2)와 만나면 중성화 과정을 거쳐 탄산칼슘($CaCO_3$)이 되고, 더 이상 철근을 보호하지 못하는 상태가 된다. 콘크리트가

철근을 보호하는 두께, 즉 피복두께가 모두 중성화가 되면 외관상으로는 철근이 콘크리트 속에 보호되고 있는 것처럼 보이나 본격적인 부식이 시작되고 부식이 되는 만큼 철근의 단면적이 팽창하여 균열을 유발한다. 결국 실질적으로 인장력[6]을 담당하는 유효 단면적은 감소되어 충분히 하중에 저항하지 못하게 된다. 따라서 다소 시점에 대한 의견 차이는 있으나 철근콘크리트 건축물의 수명은 중성화로 결정된다. 그래서 일반적으로 콘크리트의 강도는 구조설계에 의해 결정되지만 강도와 내구성은 비례 관계에 있기 때문에 해안지역으로 바다에서 유입되는 염분량이 많거나 노출콘크리트의 적용으로 도료, 타일 등의 마감이 없을 경우에는 내구성을 위하여 높은 강도를 적용하는 경우도 있다.

시멘트는 원래 자연 상태에서 탄산칼슘(석회석)의 형태로 존재했으나 인간이 1,000℃로 가열하여 강제로 이산화탄소를 분리하여 불안정한 물질로 만들었다. 아이러니한 것은, 시멘트라 명명되어진 이 물질은 물과 반응하고 또 이산화탄소와 반응하여 다시 원래의 안정상태로 돌아가고자 하는데, 우리는 이 과정을 중성화가 되어 수명이 다한 것으로 이해한다는 것이다.

보강 콘크리트

콘크리트는 시멘트의 강한 결합력으로 다양한 재료와의 조합이 가능한 복합재료이다. 이러한 콘크리트의 특성과 성능을 강화하거나 단점을 극복하기 위해 다양한 보강법이 개발되고 있다. 초기에는 복합구조로서 철근을 보강하는 기술이 개발되어 현재에 이르고 있으며, 최근에는 재료 단계에서의 보강법이 활발히 연구되고 있다.

재료 단계에서의 보강은 대부분 휘어짐과 같은 시멘트 콘크리트의 단점을 보완하는 데 중심을 두고 있다. 콘크리트 내부에 폴리머

필름을 형성하여 일체화된 결합조직을 이루는 '폴리머 시멘트 복합체'는 인성 향상 효과와 내구성 증진으로 보수재로 적용되고 있다. 또한 콘크리트의 인장강도, 휨강도를 증진하고 균열에 대한 저항성을 높이기 위하여 각종 섬유를 혼입한 '섬유보강 콘크리트'도 널리 활용되고 있다. 특히 합성수지의 특성상 낮은 온도에서 녹는 폴리프로필렌 섬유는 화재 발생 시 고강도 콘크리트의 내부에 너무 빈틈이 없어 수증기압에 의해 폭발하는 폭렬 현상을 해결하는 대안으로도 활용되고 있다.

콘크리트의 다양한 형상은 콘크리트의 유동성으로 얼마든지 확보할 수 있지만 모든 형상 곳곳에 철근을 배근하는 것은 불가능한 일이다. 따라서 철근을 배근할 수 없는 섬세한 형태 변화에 수반되는 인장하중에 저항하기 위해서 강섬유 보강 콘크리트를 사용하는 것은 콘크리트의 표현 범위를 확장하는 기술로도 가치가 크다.

최근 콘크리트를 3D로 출력하여 건축물을 만드는 사례 또는 시도가 SNS에서 자주 소개되고 있다. 콘크리트는 액체 상태로 부어넣는 방식이니 약간의 점도와 유동성만 조절한다면 충분히 가능한 일이다. 그러나 건축 부재로 사용되기 위한 철근의 역할을 어떻게 해결했느냐가 가장 궁금한 문제이다. 철근을 미리 배근하고 3D로 부어넣는다면 기존의 부어넣는 방식만 바뀐 것이니 대단한 일도 아닐 것이다. 아마 정말 구조적으로 기능을 만족하는 콘크리트를 3D프린터로 만들어낸다면, 결국 콘크리트의 유동성과 내부의 인장강도를 증진하는 섬유보강, 즉 재료 단계의 보강이 기술개발의 열쇠가 될 것으로 생각한다.

용어정리
1) 유동성(流動性) 액체와 같이 흘러 움직이는 성질
2) 공극(空隙) 비어있는 틈
3) 호칭강도(呼稱强度) 레미콘의 강도를 나타내는 규격으로 타설 28일 후의 압축강도다.
4) 압송성(壓送性) 펌프에 유체에 압력을 가하여 콘크리트를 내보내는 성질
5) 시멘트 풀/시멘트 페이스트(cement paste) 시멘트를 물로 갠 것
6) 인장력(引張力) 물체를 좌우로 잡아당길 때 발생하는 힘

브로드아트뮤지엄
미국 로스앤젤레스에 있는
브로드아트뮤지엄(The Broad Art
Museum, 2015)은 약 2,500 개의 유리
섬유강화콘크리트(GFRC) 패널을 이용하여
기하학적인 외피를 만들었다.

Future of Concrete

콘크리트의 미래

안재철(동아대학교 교수)

20세기 후반 지구온난화와 도시 환경문제가 심각해지면서 인간이 소비하는 재료 중에서 물 다음으로 가장 많이 사용하는 콘크리트에 대하여 친환경성에 대한 요구가 커지게 되었다. 친환경 콘크리트는 시멘트와 콘크리트의 생산과정에서 다량의 산업 폐기물과 부산물을 혼입하는 대체원료 활용의 측면과 폐콘크리트의 구성 재료를 재생하는 재생콘크리트. 이렇게 두 가지로 분류할 수 있다.

친환경 대체원료의 활용

대표적인 대체원료로는 제철소와 화력발전소에서 발생되는 부산물인 고로슬래그와 플라이 애시가 있다. 이들의 잠재 수경성[1]이나 한때 시멘트의 경화 메커니즘으로 이용되었던 반응성(포졸란 반응[2], pozzolanic reaction)이 밝혀지면서 시멘트 원료나 대체재료로 적극 사용하게 되었다. 이는 내부 조직을 치밀하게 하고 수화열을 낮출 뿐 아니라 시멘트 생산과정에서 발생하는 이산화탄소를 저감하고 부족한 석회석 자원을 대체하는 효과도 있어 친환경 재료의 대명사가 되었다. 또한 합성수지계 폐기물을 재생연료로 활용하여 시멘트 생산 시 소요되는 에너지를 대폭 절감하고 폐기물을 고부가가치로 처리하게 되면서 시멘트산업의 친환경성이 크게 주목받았다. 그러나 최근 국내에서는

몸에 직접적으로 닿는 건축 공간에 폐기물 재생재료를 사용하는 것에 대한 논란이 있어 이에 대한 과학적 규명과 철저한 품질관리가 요구된다.

콘크리트와 재생

기존 콘크리트에서 골재를 추출하여 재사용하는 순환골재는 현재 다양한 연구가 이루어진 끝에 실용화 단계에 이르고 있다. 그러나 쓰레기 분리수거의 단순한 원리와 마찬가지로 재료의 분해가 고려되지 않은 복합재료인 콘크리트는 강하게 결합되어 분해 시 많은 에너지가 소모된다. 분해되어도 불순물이 함유되어 저품질의 순환(down-cycling)이 이루어지기 쉬워 아직 '순환'이라는 명칭보다는 '재생'이라는 명칭이 더욱 적합한 측면도 있다. 따라서 동일(level-

cycling) 또는 고품질의 순환(up-cycling)을 위해서는 재료의 제조 또는 건축물 설계 시에 미리 분해를 고려하는 과정이 필수적이다. 이러한 분해성 설계는 부재, 부품, 재료 단계에 이르기까지 다양한 적용이 가능하며, 가장 대표적인 사례로는 영국의 런던 올림픽 주경기장(2012)과 농구장 등이 있다.

신기능 재료와 가능성

콘크리트는 구조용을 제외하고도 강한 결합력이라는 시멘트의 기능을 활용하여 다양한 건축 마감재가 제조되고 있다. 인조석, 테라조와 같이 시멘트의 색과 질감으로 이미지를 표현한 예도 있으나, 대부분은 마감재 자체만으로는 구현하기 어려운 형태와 필요강도를 만족시키기 위해 시멘트를 활용한다.

특히 다공성을 활용한 다른 신기능 재료는 경량성, 단열성, 조습[3]기능 등 쾌적한 환경을 만들 수는 있지만 다공질 재료의 특성상 강도에 취약하여 건축 재료로 사용되기 어렵다는 문제가 있다. 따라서 기포, 펄프, 나무섬유, 활성탄, 질석(vermiculite), 펄라이트(perlite) 등의 다양한 다공질 재료를 시멘트와 결합하여 판상의 형태를 만들면서도 소요 강도를 가진 기능성 마감재로 제품화하고 있다. 보강 기술에서도 언급했지만 기본적으로 모래, 자갈을 시멘트로 결합해 만든 콘크리트는 다시 철근과 섬유를 감싸 자체 보강을 하고, 다공질 재료를 감싸 기능성 재료로 변하고 있다. 게다가 해외에서는 기록센서, 변형센서를

기존의 콘크리트는 시멘트의 강한 결합력으로 재료를 분리하지 못해 폐기 후에는 재사용이 불가능한 일회성의 재료였다.

건축가 자하 하디드가 설계한 DDP(2014)의 외부와 내부 전시장 모습
외부와 마찬가지로 비정형의 형태를 콘크리트로 표현해 디자인적 가능성을 보여준다.

감싸 정보를 가지고 있는 스마트 재료로
진화하고 있다.

콘크리트와 유전공학

아놀드 슈워제네거가 주연을 맡은
터미네이터(1984)의 T-800 시리즈는
아직 현대 기술로 만들 수 없지만, 내부의
에너지 체계, 전력 공급, 강철의 강도 등의
원리는 이제 상상했던 정도까지는 구현할
수 있는 시대가 되었다. 그래서 시리즈가
거듭될수록 아마도 감독에게는 새로운
미래과학의 공포를 구현하기 위한 고민이
가장 컸을 것이다. 한국 배우도 역할을 맡았던
터미네이터2(1991)의 T-1000 시리즈는
인간 기능을 초월한 근대적인 기계 이미지를
넘어선 새로운 미래의 공포다. 플라스틱과
같이 액체금속으로 어떻게든 형상은 만들
수 있다. 하지만 우리가 알 수 없는 미지의
기술은 '어떻게 형태가 바뀌면서 그 형태를
따르는 기능이 가능한가'이다. 이러한 기존의
기능 조직의 집합체인 기계를 뛰어넘는
새로운 조직, 어쩌면 도마뱀의 꼬리처럼 조직
자체에 유전자의 속성이 감춰져 있는 것이
비밀의 열쇠인지도 모른다. 결국 그러한
기술이 가능하기 위해서는 부품과 부품이
시스템적으로 만나서 이루어지는 과거의
기계식 결합이 아니라 재료 그 자체에 기능이
유전자와 같이 존재해야 가능한 것일지도
모른다. 과거에 철근이라는 구조 부재를 안아
복합구조의 역할을 했던 콘크리트는 강섬유,
스티로폼 등의 재료를 넣어 복합재료로
진화했고, 지금 어느 연구실에서는 또 다른
신기능의 유전자를 콘크리트에 이식하고
있는지도 모른다. DNA 조작에 의해 스스로
진화하는 모습이 매력적이어서 신기능
콘크리트의 진화가 더더욱 기대된다.

런던 올림픽 주경기장(2012)과 농구경기장은 콘크리트의 재사용을 고려해 재료와 부품을 결정한 대표적인 사례다.

용이정리
1) 수경성(水硬性) 시멘트가 물속에서 굳는 성질
2) 포졸란 콘크리트 혼화제의 일종으로 화산재 등의 광물질 분말
3) 조습작용(調濕作用) 주변 환경으로부터 수분을 흡수하고 방출하여 습도를 조절하는 능력

디자인그룹꼴라보 건축가 정문철이
디자인한 진관동 은평주택(2017)은
콘크리트공작소가 시공했다.

Opinion 1

건축의 기본으로 돌아가 기본부터 구축하다
콘크리트공작소 대표 한상우

심영규 에디터

송도 주택(2016), 인터러뱅(2015), 현덕재(2012), 은평주택(2017) 등 노출콘크리트로 좋은 품질의 결과물을 만들어낸 콘크리트공작소의 한상우 대표를 찾았다. 그는 시공사 이름도 콘크리트공작소라고 지으며 "건축의 기본으로 돌아가자"고 말한다. 아무리 멋진 도면도 현장에서 온전하게 구축되지 않는다면 소용이 없다. 그는 현장에서 발로 뛰며 누구보다 치열하게 콘크리트에 대한 고민을 하고 있다. 다른 곳에서 들을 수 없는 생생한 현장의 이야기를 들어본다.

감씨(감) 그간 진행했던 노출콘크리트 작업과 현재 진행중인 작업을 소개해 달라.

한상우(한) 2000년대 후반 건설회사의 일원으로 개성공단에서 2년간 근무한 적이 있다. 그 기간을 포함해 다양한 작업을 진행했지만, 실제로 콘크리트에 대해 깊이 접하게 된 것은 2008년경이다. 헤이리나 파주 출판단지 등을 오가며 유명한 건물을 종종 접했는데, 시공 품질이나 작업의 완성도가 형편없었다. 특히 노출콘크리트는 충분히 매력적인 재료임에도 치장재로만 치부하는 사람도 많고, 쉬운 과정이라고 생각하는 사람도 많았다. 철저하게 유행에 따르며 상업적인 흐름이 된 것 같았다. 그러던 중 2012년, 설계사무소 방바이민이 성북동에 설계한 현덕재라는 주택의 시공에 참여하면서 콘크리트와 인연을 맺었다. 오세민 소장은 노출콘크리트의 품질에 대해 끊임없이 고민했다. 그때의 인연으로 강남구 청담동에 있는 노출콘크리트 프로젝트인 인터러뱅까지 참여하면서 2015년 독립해서 회사를 차렸다. 아키텍케이(대표 이기철)에서 설계한 송도 주택은 콘크리트공작소라는 이름으로 처음 작업한 주택이다. 현재는 부산과 경남을 오가며 대연동 주택, 경성대와 창원시 근린생활시설, 은평구 진관동 주택 등 다양한 프로젝트를 진행하고 있다. 요즘은 종합건설사에서도 콘크리트 시공에 대한 문의가 지속적으로 들어오면서 노하우를 공유하고 있다.

감 개소한 지 얼마 되지 않았지만 많은

작업을 진행했다. '콘크리트공작소'라고 이름 지은 이유가 있나?

한 건축의 기본은 콘크리트 아닌가? 모든 공사는 콘크리트 없이 진행하기 어렵다. 구조도 철근콘크리트조가 기본이다. 따라서 모든 건축의 기본이다. 그렇다면 우리 역시 기본으로 돌아가자, 우리가 잘하는 게 뭔가 고민했을 때 콘크리트에 대한 경험과 대하는 자세가 조금 다르다는 생각을 했다. 우리 직원들은 건축을 전공하고 졸업 후 설계사무실을 거쳐 이곳에 입사한 경우가

많다. 나 역시 토목을 전공했다. 그래서 시공에 대한 갈증이 있다. 설계 경험을 바탕으로 건축가들이 의도한 내용을 빠르게 이해하고, 피드백이 가능하며 건축가의 언어를 빠르게 잡아내 현장에서 수정하고 시공 기술과 접목하는 게 가능하다.

감 미리 만들고 조립하는 다른 재료와 달리 콘크리트는 현장에서의 제어가 어려운 재료다. 시공 과정에서 가장 힘든 점은?

한 모든 것이 도전이다. 한 층 올라가는

방바이민 건축가 오세민이 설계한 청담동 인터러뱅(2014)은 노출콘크리트에 나무의 결을 넣어 콘크리트 특유의
차가움을 부드럽게 잡아준다.

먼저 창문과 같은 개구부의 틀을 잡고 틀 외의 부분은 두가지 종류의 송판을 이용해 거푸집을 설치한다.

생각한다. 직선 혹은 곡선 등 다양한 모양을 만들 수는 있지만 일반 건축주가 그런 부분에 투자하기는 어렵다. 또한 경험 있는 시공자를 찾기도 어렵고 노하우를 가진 사람들도 공유를 꺼린다. 기술자들은 해외에서 초빙된 전문가들이 대부분이다. 일단 우리나라와 적합한지, 그로 인해 소비자들이 많이 찾을 수 있는지 고민해야 한다.
필요한 부분은 단열콘크리트가 개발되거나 단열에 대한 노하우가 있어야 한다. 결론적으로는 경량화되면서 동시에 단열 성능이 우수해야 한다. 시공은 목조주택이 쉽지만 하자는 철근콘크리트주택이 적다.

감 콘크리트는 대부분 회색으로 컬러 개발이 잘 되어 있지 않다. 질감도 마찬가지다. 이에 대응하는 새로운 시도가 있는가?
한 컬러 콘크리트에 대한 문의는 많다. 그러나 경제적인 부분과 생산량이 적어 레미콘 회사가 외면한다. 아직 우리나라 시장에 적합하지 않다. 한국 건축문화에서는 어렵고 눈속임이 많다. 건축주와 건축가의 이해가 필요하다. 소비자인 건축주와 건축가, 시공자가 머리를 맞대고 연구하며 의기투합해야 한다. 단순한 건물이 아닌 '작품'을 만든다는 자세로 접근해야 한다. 실제 예를 들어보면, 송판무늬 콘크리트의 경우 일반적으로 토치를 이용해 표면을 그을리고 브러싱한다. 이렇게 하면 목재가 검어지고 물을 빨아들이므로 강도가

떨어진다. 반대로 송판무늬를 쓸 때는 우레탄 코팅을 하면 강해진다. 컬러는 발수제[4]를 통해 맞춘다. 한 가지 색으로 하는 것이 일반적인데, 우리는 두 가지 색으로 시공한다. 또한 대나무 등을 사용해 나무 자체의 질감으로 콘크리트에 음영을 줄 수도 있다. 형틀 목수와 시공자가 함께 현장에서 하나하나 목업 실험을 통해 다양한 시도를 한다.
끝으로 콘크리트를 이용한 가구 제작은 물론 판매 시스템까지 구축하고 있다. 노출콘크리트의 물성, 수축팽창에 대한 노하우가 충분하기 때문에 색과 문양 등에서 다양한 시도를 해보려고 계획 중이다. 작품이 하나씩 마무리될 때마다 건축주에게 콘크리트 가구를 하나씩 제공하는 것이 목표다.

감 콘크리트의 오염과 하자에 대해서 시공 시 어떤 내용들을 주의깊게 봐야 하는가? 하자보수에 대해 조언을 한다면?
한 빗물에 의한 오염이 많은데 지붕을 덮는 패러핏[5]을 설치하거나, 어닝[6]을 다는 등의

방법이 있지만 건축가들의 경우 미적인 부분과 관련 있는 이러한 행위를 잘 허락하지 않는다. 건물의 유지보수는 집주인의 의지에 달렸다. 콘크리트는 일반인이 접근하기에 어려운 물성인 것은 사실이다. 요즘처럼 황사나 미세먼지 등이 심한 상태에서 비가 오게 되면 흘러서 오염이 된다. 자연적인 오염도 영향이 크다. 산 주변에 건물이 있어 자연환경과 인접한 경우 송화가루 등이 건물에 내려앉게 되고 그게 이끼가 된다. 이는 모두 건축주가 책임을 져야 하는 부분이다. 물론 시공자 또한 근본적으로 하자를 방지하기 위한 시공이 필요하고 도덕적인 규범도 필요하다.

정리 박지일 에디터
사진 윤준환

용어정리
1) 유동화제(流動化劑) 미리 비빔한 콘크리트에 섞어 품질을 저하시키지 않으면서도 작업성을 좋게하는 약품
2) 기포제(起泡劑) 공기량을 늘리기 위해 첨가하는 약품으로 물리적으로 기포를 주입한다.
3) 발포제(發泡劑) 공기량을 늘리기 위해 첨가하는 약품으로 열, 화학 반응으로 가스를 발생시킨다.
4) 발수제(撥水劑) 목재에 침투해 건조된 후 내부의 수분이나 치수 변화를 방지하는 액상의 물질
5) 패러핏(parapet) 빗물의 흘러내림, 낙상 사고 등을 방지하기 위해 지붕위에 설치하는 낮은
6) 어닝(awning) 알루미늄·플라스틱 등으로 만든 경량의 차양. 창이나 출입구 위쪽에 설치한다.

미디어엔메세(2016) 사옥은 거푸집의 상처를 고스란히 노출콘크리트에 드러내고 있다. 콘크리트를 이용한 두 개의 외피는 내부의 시선이 땅과 하늘을 향하게 한다.

Opinion 2

콘크리트의 실제(實際)와 실체(實體)
제이엠와이아키텍츠 대표 윤재민, 제이아키브 대표 김양길

심영규 에디터

윤재민은 프랑스와 일본에서 실무를 하고 귀국하여 미디어엔메세(2016), 5×17 협소주택(2015) 등 다양한 콘크리트 건물을 디자인했다.
제이아키브의 김양길은 크고 작은 규모의 주택을 시공하며 미디어엔메세(2016), 오목렌즈 주택(2015), 르 큐브 블랑(2014) 등의 노출콘크리트 작업을 했다. 이들을 만나 콘크리트에 대한 일반인의 오해와 사실에 대해 이야기를 나눴다.

미디어엔메세 3층 내부

감씨(감) 콘크리트를 본격적으로 접하게 된 경험과 다른 건축재료와 비교하여 콘크리트의 매력은 무엇인가?

윤재민(윤) 원래 목조건축이 전공이다. 프랑스에서 10년간 실무를 하며 목재와 금속을 주로 다뤘다. 귀국 후엔 건축 재료로 콘크리트는 한국 기후와 맞지 않는다고 생각해 목조와 석조만 생각했었으나 첫 작업이 콘크리트였다. 그 매력은 지속성과 단단함이다. 아직 우리 사무소에서 콘크리트 외에 다른 재료에 대해 실험하지 않았는데 그 이유는 콘크리트조차도 제대로 사용하지 못한다고 생각해서이다. 그래서 먼저 콘크리트를 제대로 알고 쓰자고 방향을 잡았다. 복잡한 구조가 갖는 독특한 조형성을 콘크리트의 간결성으로 풀어낸다고 생각할 수 있다.

김양길(김) 국내에서 화이트콘크리트가 흔하지 않았던 2011년에 명승건축 이순조 회장의 집을 짓게 됐다. 노출콘크리트를 쓸 기회가 없었을 뿐더러 화이트콘크리트는 처음 접하는 것이었다. 더욱이 덧붙이는 마감 방식을 사용하지 않았기 때문에 콘크리트 사이에 단열재를 넣어 단순화하는 시도를 했다. 당시 레미콘 회사인 쌍용양회에서 일부 물량을 공급받았는데, 화이트 노출은 물처럼 퍼지고 다짐도 힘들며 거푸집에 타설하는 것도 어려웠다. 반면 만족감과 성취감이 매우 높다. 역순으로 해체하는 과정에서는 거푸집을 뜯기 전까지 불안함과 그 이후의 감동이 있다.

감 콘크리트를 사용할 때 가장 어려운 점은 무엇인가?

김 조형성이 장점이자 단점이다. 목재나 철골과는 달리 콘크리트는 단단함과 유연성을 동시에 갖는다. 물리적인 결과물은 딱딱하게 경직되지만, 그 과정엔 유동성이 있다. 이런 불규칙성은 통제가 어렵고 사전에 제작하는 프리컷이 불가능해 현장에서 타설해야 한다.

윤 특히 부산 대청동에 있는 5×17

다세대주택 사이에 콘크리트의 묵직한 덩어리가 홀로 서 있다.

협소주택이 어려웠다. 프리캐스트라면 현장에서 조립만 하면 되지만 좁은 현장에서 거푸집을 만들어 타설하는게 쉽지 않았다.

김 어려운 시도였다. 학습하지 못했던 시공으로 하지 않았던 공법을 시도했던 것이기 때문이다.

윤 노로로 합벽을 만든다는 것은 불가능에 가깝다. 그래서 일본 시공사와 접촉했었는데, 풍압으로 한쪽 맞벽의 거푸집이 밀려 3층 이상은 어렵다고 했다. 실제 5층 부분에서 옆으로 밀려 다시 시공해야 했다.

김 노출콘크리트는 한국에서 역사가 짧아 관련 기술이 적다. 반면 우리나라는 필요하면 공장에서 소량을 생산한다. 서페이서(surfacer)[1]나 거푸집 면에 닿는 철물에 대한 개발이 더 필요하다.

부산 중구 대청동에 있는 5x17 협소주택(2015)은 5m의 폭과 12m의 깊이로 66㎡의 협소한 대지에 지어졌다.

감 그렇다면 콘크리트의 장점은 무엇이라고 생각하는가?

윤 구조체가 되면서 바로 마감재가 될 수 있다는 것이 가장 매력적인 점이다. 우리 사무소에서 추구하는 방향과 일치한다. 우리의 설계 방식은 완성된 하나의 오브제가 제한 없이 단순하고 다양한 물성 조절이 용이하게 하는 것이다. 건물에 필수적인 기둥도 조형적 요소로 색다르게 적용할 수 있다. 이처럼 콘크리트는 공간을 조정하기 쉽고 단순해서 주물이자 '마법의 재료'라고 할 수 있다.

김 잘 만들면 후반 작업이 더 필요하지 않다. 그런 점에서 비용도 절감할 수 있고 완성도 있는 형태도 얻을 수 있다. 그러나 잘 계획하지 않으면 단열과 결로에 굉장히 취약하다. 일본의 건축가 안도 타다오도 일정 위도 위에서는 노출콘크리트로 주택을 짓지 않는다.

감 재료로서 콘크리트의 미래를 점친다면?

김 북유럽은 목조주택이 유행한다. 막상 레미콘을 사용할 수 있는 나라가 별로 없다. 동남아시아는 인건비가 싸서 현장에서 직접 비벼서 쓴다. 한국은 가격도 저렴하고 레미콘 기술이 잘 발달해 있다.

윤 인간이 사용할 수 있는 자연재료는 많지 않다. 돌, 목재, 금속, 콘크리트 정도다. 그래서 콘크리트를 돌의 대체재로 자연스럽게 이용한다. 단점은 틈이 없어 숨을 쉬지 못해 기후와 관련된 문제가 생긴다는 것이다.

유럽의 오래된 건물은 모두 돌을 조적해 만들었다. 재료를 대체하다 보니 과거의 유산을 따라 가게 되었다. 저가나 보급형 아파트에서 콘크리트를 사용하기 시작했다. 한 가지 한국 시장에서의 바람이 있다면, 파리 루브르 미술관의 피라미드의 하부는 갈색 콘크리트다. 결국 자연을 닮으려고 노력한 것이다. 시멘트를 배합할 때 이집트 가자지구(Gaza strip)에서 자연 모래를 가져다 쓴다. 이처럼 콘크리트로 색을 달리하는 것도 가능하다. 한국에선 명도의 차이가 있는 콘크리트만 쓴다. 일본에는 모래 지도가 있다. 얼마든지 콘크리트로 지역화를 할 수 있는데 연구가 없다.

감 콘크리트에 대한 일반인의 오해도 많다. 먼저 친환경 재료라는 것이다.

김 극단적으로 이야기해서 건축재료 중에 몸에 해롭지 않은 것은 없다. 흙이나 나무 벗짚을 사용한 집이라면 모를까. 현대사회에서는 디자인과 성능에 대한 요구가 많다. 이러한 것을 해결하려다 보면 대체물이 개발된다. 예를 들어 황토 벽지는 겉에 코팅이 돼 있고, 아크졸[2]이라는 화학 소재를 넣어야 봉투 바름(도배 공법 중 하나로 벽지의 테두리, 조인트 부분의 벽면에 틈을 방지하기 위해 벽지 접착 전 봉투 크기의 띠종이를 붙이는 방법)을 한다. 우리가 가장 많이 사용하는 가구재는 고밀도 MDF와 파티클보드이다. 이러한 재료들이 몸에 좋을 수는 없다. 건축 재료로서 산업화를 통한 품질

확보가 더 중요하기 때문이다. 콘크리트 자체는 천연소재다. 자연재료이다 보니 특별한 성분 검사를 하지 않는다. 빨리 시공해야 하고 견고해야 하는 것만 아니면 훨씬 더 인체에 무해한 소재로 바꿀 수 있다.

윤 합성수지 접합제가 친환경적이지 않은 것이지 콘크리트 자체가 해로운 것은 아니다. 사용 목적 때문에 콘크리트에 대한 이해가 왜곡되어 있다. 그러니 콘크리트 자체를 폄하할 수 없다.

김 콘크리트로 평당 몇천만 원에 고층도 올릴 수 있다. 기술과 산업 시대의 발전에 따라 콘크리트 사용은 어쩔 수 없다.

감 단열에 취약하다는 문제도 있지 않은가?

김 단열은 내외단열 모두 마찬가지다. 콘크리트는 50㎝를 넘으면 단열 기준이 의미가 없어진다. 굉장히 단열 성능이 좋다. 단열재는 콘크리트의 두께가 20㎝ 이하일 때 필요하다. 그러나 이것은 기술적으로 보완할 수 있다. 월타이트(walltite) 방식[3]의 수성폼으로 콘크리트 자체를 기밀하게 바꾼다. 발포폴리스티렌[4]이다. 지금 문제가 되는 주택들은 설계와 시공이 잘못되었기 때문이다.

감 한국의 기후에 맞지 않는다는 의견도 있다.

윤 프랑스에서 15년간 일하면서 줄곧 느낀 것은 그들은 건축재료로 줄곧 나무를 쓴다는 것이다. 죽어서도 삶을 유지하는데 지구의 순환 논리에 맞는 재료가 목재다. 반대로

콘크리트는 일종의 소멸이라고 생각했다.
콘크리트는 시간이 지나면서 변화하는데,
분명 기후에 의한 영향이 있다고 본다.
반대로 기후에 맞춰 쓰는 방법이 있다.
지중해 지역에서 사용하는 방식이 아닌
한국형 노출콘크리트의 사용법을 연구하고
개발해야 한다. 콘크리트 건물이 오래되어서
지저분하게 된 것은 기후인지 디테일
문제인지 구분할 수 없다.
김 관리와 유지보수로 발수제 등의
화학약품이 중요하다. 관리가 필요하지
않은 약품이 있겠는가? 심지어 유럽과
우리나라를 비교할 때 기후문제도 있지만
한국 콘크리트는 분진이 훨씬 많다. 보완과
사후관리가 제대로 이뤄져야 한다.

감 비용이 많이 든다는 지적은?
윤 지금 이 시점에서 지구상에 있는 재료
중에서 콘크리트는 가장 보편적인 재료다.
콘크리트가 비싸다고 말하는 것은, 구조재나
마감재, 현장 상황 때문이다. 비교해보면
목조주택이 더 비싸다. 콘크리트가 비싸다는
시각은 우리나라의 건축 수준을 보면, 괜찮은
건물에 공이 많이 들어갔기 때문에 사회적
편견이 된 것 같다. 범지구적으로 보면 그렇지
않다.
김 형태가 다양해서 구조적으로 가능한
실험을 하기 때문에 단가가 올라간다. 하지만
시공 사례를 살펴보면 외단열 시스템 5만
원, 벽돌 7만 원, 화강석 10만 원, 징크 15만
원 그중에서 노출콘크리트는 8만 원이다.
비싸지 않다. 착색이나 발색으로 인해
가격대가 올라가기는 한다. 이야기한 것처럼
콘크리트는 보편적인 재료다.

사진 윤준환

5×17 협소주택 내부의 콘크리트가 건물 밖과 도시로 확장된다.

용어정리
1) 서페이서 표면을 매끄럽게 다듬는 기구
2) 아크졸 도장면에 접착력을 높이기 위해 바르는 전처리제
3) 윌타이트 폴리우레탄 거품을 스프레이 식으로 뿌려 틈새 없는 시공을 하기 위해 사용
4) 발포폴리스티렌 상품명인 '스티로폼'의 성분명이다. 단열재, 흠음재, 쿠션재로 사용된다.

How to Make

정신오, 심영규 에디터

Composition of Concrete
콘크리트의 구성

앞서 건축재료로서 콘크리트의 특성과 종류를 살펴보았다. 하지만 실제 현장에서 사용되는 콘크리트의 약 60%는 콘크리트가 되기 전의 반제품 상태인 '레미콘(remicon)'이다. 레미콘은 제품도 다양하고 특수한 환경에 맞추어 물리적 특성을 강화한 제품으로도 꾸준히 개발되고 있다. 레미콘의 구성비와 배합비, 규격과 종류를 정리하고 경량기포콘크리트, 프리캐스트콘크리트, 초고성능콘크리트 등 특수콘크리트도 알아본다.

레미콘

'ready-mixed concrete'에서 앞 글자만 따 만들어진 '레미콘'은 이름 그대로 배합은 완료됐으나 채 굳지 않은 상태의 콘크리트를 말한다. 레미콘을 사용하는 이유는 무엇일까? 편리성과 경제성이다. 배합된 콘크리트가 현장으로 운반되기 때문에 시간을 단축할 수 있고 현장의 규모에 영향을 받지 않는다. 물론 공장 생산으로 인한 여러 한계점도 있다. 계절에 따라 다르지만 콘크리트는 배합 후 90분을 넘어가면 굳기 시작해 작업이 어렵고 강도도 떨어진다. 굳기 전에 타설을 끝내야 하기 때문에 레미콘은 업체보다 대리점 위치에 따라 영향을 받는다. 사용 전 미리 인근의 대리점 정보를 확보하여 현장과 공장 간의 이동시간과 물량을 계산해야 한다(p.122 부록 참고). 또 레미콘은 1회 출하량이 ㎥ 단위로 이루어지기 때문에 셀프 인테리어나 DIY용으로 적합하지 않다. 소량으로 콘크리트를 사용하고 싶다면 한 포대(20㎏)를 구입해 직접 비빔하여 사용하는 것이 좋다.

레미콘의 구성

레미콘은 일반 콘크리트(물과 시멘트 그리고 골재)의 강도를 높이고 작업을 수월하게 하기 위해 혼화재료를 넣는다. 혼화재료는 혼합물질과 배합량에 따라 혼화재(混和材)와 혼화제(混和制)로 나뉜다. 혼화재는 콘크리트를 배합할 때 부피를 차지하는 무기질의 재료를, 혼화제는 시멘트가 차지하는 부피의 1%인 소량으로 첨가하는 화학적 약품을 말한다. 혼화재는 고로슬래그, 플라이 애시, 실리카 흄 등이다. 각 혼화재료는 '혼화재료와 마감'편에서 자세히 다룬다. 일반적으로 고로 슬래그는 전체 레미콘에서 시멘트가 차지하는 부피의 약 15~40%, 플라이 애시는 5~15%를 대체해 사용한다. 콘크리트를 섞을 때에는 많은 열이 발생하는데, 고로슬래그와 플라이 애시는 이 열을 낮춰 골재와 시멘트가 분리되는 현상을 막고 강도를 유지하는 기능을 한다. 이때, 시멘트 대체율에 따라 콘크리트의 색이 달라지므로 일부를 테스트해서 사용한다. 혼화제는 물과 함께 섞어서 사용한다. AE제는 콘크리트 속 기포를 고르게 분산하여 내구성을 높이지만, 사용량이 많아지면 강도가 낮아질 수 있으므로 오차는 3%를 넘지 않아야 한다. 감수제는 물의 양(단위수량)을 줄이기 위해 사용되는 혼화제다. 감수제를 넣으면 시멘트 입자가 퍼지면서 유동성이 증가한다. 10~15%의 물을 줄일 수 있어 겨울철 현장에 자주 쓰이는 혼화제다. 국내에서는 두 가지의 일체형인 AE감수제가 많이 사용된다(p.57 참고).

자갈 48%

모래 24%

시멘트 7%

물 10%

공기 5%

+

혼화제 (시멘트 중량의 1% 미만)

강도 30MPa 콘크리트의 구성
콘크리트는 공기, 물, 시멘트, 모래, 자갈로 이루어진다. 위의 그림은 강도 30MPa의 콘크리트의 배합 비율로 시멘트, 모래, 자갈 1대 3대 6의 비율로 콘크리트 100% 중량에 각각 자갈 48%, 모래 24%, 시멘트 7%로 혼합된다.

레미콘 공장에 저장된 모래와 자갈, 시멘트를 배합에 따라 배처플랜트(batcher plant)로
계량하여 사용한다.

계량된 레미콘은 품질시험을 거쳐 현장으로 운반된다.

25	21	120
굵은 골재 최대치수(㎜)	콘크리트 강도(MPa)	슬럼프(㎜)

레미콘의 규격과 종류

레미콘은 혼합물질의 성분과 비율에 따라 100가지도 넘는 규격이 있다. 각각은 굵은 골재의 최대치수, 콘크리트의 강도, 슬럼프(퍼지는 정도)로 구분된다. 당연히 물리적 성질이 다르고 용도에 따라 다른 규격의 레미콘을 사용한다.

굵은 골재의 최대치수 단면의 크기, 철근의 배근 간격에 따라 반죽이 잘 들어가는 정도로 결정한다. 국내에서는 19, 25㎜가 일반적이다. 단면이 크거나 철근을 사용하지 않는 무근콘크리트를 만들어야 할 경우 40㎜를 사용한다. 그 이상이 되면 부착력이 감소한다.

호칭강도[1] 구조물의 내구성, 수밀성을 고려해 안전한 강도로 결정하는 것이 중요하다. 일반적으로 호칭강도 24MPa(메가파스칼, 콘크리트의 강도를 나타내는 단위로 1MPa은 ㎠의 단위면적당 하중 10㎏을 견딜 수 있는 강도이다)를 주로 사용한다.

슬럼프 값 배합된 반죽의 퍼지는 정도를 말한다. 국내에서는 80, 120, 150, 180㎜가 일반적이며 숫자가 커질수록 부드럽고 점성이 좋아 작업하기에 수월하다. 하지만 숫자가 커지면 물의 양이 많아져 강도를 유지하기 어렵고, 혼화제의 양이 증가해 가격이 높아질 수 있으므로 적당한 규격을 선택해야 한다.

간혹 호칭강도가 세 자리, 슬럼프가 두 자리의 수로 표기되는 경우(25-210-120 혹은 25-21-12)가 있는데, 이는 호칭강도를 kgf, 슬럼프를 ㎝의 단위로 한 것이므로 MPa로 각각 바꾸어 계산한다. 일반적인 주택에서 가장 많이 사용하는 레미콘은 '25-18-120', '25-21-120', '25-21-150' 세 종류다. 레미콘공업협회에서는 콘크리트의 강도, 슬럼프 및 공기량의 시험 기준을 바탕으로 25-18-120의 규격을 권장한다. 하지만 현장에서는 강도와 작업성을 고려해 25-21-120 또는 25-21-150을 사용하는 경우가 많다.

레미콘은 이론적으로 사용하는 위치에 따라 크게 기초재[2], 구조재, 슬라브재 그리고 옹벽으로 구분한다. 콘크리트는 가장 보편적인 재료지만 보이지 않는 부분에도 많이 사용하기 때문에 어느 정도 양을 사용하는지 계산하기 쉽지 않다. 왼쪽 표는 레미콘협회의 권장소비량을 바탕으로 30평 규모의 단층주택을 지을 때 슬라브와 기초에 소요되는 콘크리트의 양과 비용을 산정한 것이다. 내력벽과 옹벽의 경우 개구부의 면적과 방의 수 등 설계에 따라 차이가 있어 산정에서 제외한다. 기초재의 경우 시공 면적 1㎡당 0.65㎥가 소요된다. 30평 기준으로 보면, 단층주택은 약 64.46㎥이 사용되며 대략 4,848,037원이 든다(64.46×75,210 / 대한콘크리트사 2017년 2월 기준 1㎥당 75,210원). 슬라브의 경우는 25-21-150의 규격을 사용하는 경우가 많으며, 1㎥당 0.62㎥이 소요된다. 30평 주택을 기준할 경우 소요량은 약 61.49㎥, 총 4,873,082원이 든다(61.49×79,250 / 대한콘크리트 2017년 2월 기준 1㎥당 79,250원). 이외에도 옹벽은 25-21-120, 구조체는 25-21-120과 25-24-120 등 부위에 맞는 규격이 달라 각 용도와 사용량에 따라 자재비를 가늠해볼 수 있다.

하지만 양이 적은 공사일 경우 타설하는 한 회의 양으로 전체를 합쳐 타설하기 때문에 설계 과정에서도 레미콘의 규격까지는 반영이 되지 않으므로 산정 시 주의해야 한다.

건물의 각 부위 시공 과정에서
<30평 단독주택 기준> 콘크리트의 권장 소비량

	기초	슬라브
레미콘 협회 권장 규격	25-21-120 25-21-150	25-21-150
시공면적 1㎡ 당 소요량	0.65㎥	0.62㎥
총 소요량	64.46㎥	61.49㎥
콘크리트 단가	75,210원/㎥	79,250원/㎥
소요 비용	4,848,037원	4,873,082원

*내력벽과 옹벽은 개구부의 면적, 방의 수 등 설계에 따라 레미콘의 소요량에 차이가 크므로 산정에서 제외한다.

특수콘크리트의 종류

콘크리트는 물과 골재, 시멘트의 기본 구성에 혼화재료를 섞어 작업성을 높인다. 보통은 혼화재료의 양을 조절하며 알맞은 콘크리트를 타설하지만 국내의 기후 조건과 대형 현장의 구조 기준을 따라가기에 기존 콘크리트의 성능은 여전히 미흡하다. 특수콘크리트는 환경과 구조에 따라 필요한 성능을 보완한다.

계절에 따른 특수콘크리트 콘크리트는 물과 시멘트의 비율에 따라 강도와 내구성이 달라지기 때문에 경화 중에 수분량을 일정하게 유지하는 것이 중요하다. 그러나 한국의

UHPC를 적용한 KIST 50주년 기념 조형물

조호건축사사무소 이정훈이 디자인하고 위드웍스에서 시공한 키스트 50주년 기념 조형물. 섬유가 보강된 초고성능콘크리트인 UHPC 패널을 사용해 제작되었다. 형틀을 제작해 콘크리트를 부어 양생하고, 만들어진 각 패널을 조립해서 조형물을 완성했다. 1800x3650x80㎜의 대형 패널을 제작하기 위해 투명한 5㎜ 렉산 위에 고무로 3D 글자를 가공해 고정했다. 글자의 개수는 총 853개로 글씨 주위를 테이프로 감싸 타설 시 수분 흡수를 막고 탈형이 쉽도록 만들었다. 패널 한 장의 무게는 1.3톤으로, 설치과정에서 금이 갈 수 있어 인양 계획을 충분히 검토했다. 현장 조립은 2일에 걸쳐 외곽 패널 설치 후 내부 경사 패널을 설치하는 순서로 진행되었다. 형틀 제작에서부터 증기 양생, 탈형까지 소요 시간은 4~5일 가량이다.

콘크리트는 타설 온도에 영향을 받아 폭염이나 영하의 기온에서는 모든 작업을 중단한다. 국내의 기후환경은 콘크리트를 타설하기에 불리하기 때문에 극단적인 기후를 대비한 특수콘크리트를 사용한다.

UHPC(Ultra High Performance Concrete)
건축가 김찬중(더시스템랩)이 설계한 하나은행 삼성동 별관 리모델링(2017)은 프리캐스트(Precast) 방식을 이용하여 UHPC의 모듈을 제작했다.

GFRC(Glass Fiber Reinforced Concrete)
건축가 루디 리치오티가 설계한 '유럽과 지중해 문명 박물관(MuCEM)'은 프랑스 마르세유에 위치하고 있으며 GFRC를 이용하여 레이스처럼 건물의 외관을 감싸고 있다.

기후는 콘크리트를 타설하는데 불리하다. 겨울엔 동결, 여름엔 장마철과 30℃ 이상 고온으로 콘크리트와 재료가 분리되는 위험성이 있다. 한중콘크리트와 서중콘크리트는 이런 극단적인 기후변화에 대응하기 위해 제작된 특수콘크리트다. 일평균 기온을 기준으로, 한중콘크리트는 4℃이하, 서중콘크리트는 25℃ 이상, 최고기온 30℃를 넘어갈 때 사용한다. 한중콘크리트를 시공할 때는 초기에 어는 것을 방지하는 것이 중요하다. 일반적으로 구성재의 양과 온도를 조절해 콘크리트가 굳는 동안 온도가 떨어지지 않도록 하는 것이다. 시멘트와 물의 비를 60% 이하로 낮추고 AE제를 사용하는 것으로도 어는 양이 감소한다. 또 타설 전 골재를 가열하거나 열전도율이 낮은 목재 거푸집[3]을 사용해 주변 온도의 영향을 덜 받게 하는 것도 방법이다. 서중콘크리트 역시 같은 방식으로 타설 부위를 보호한다. 서중콘크리트를 시공할 때에는 작업열을 낮추는 것이 중요한데, 보통 고로 슬래그나 플라이 애시 같은 혼화재를 섞는다. 폭염이 지속되는 경우 거푸집과 지반에 물을 뿌리는 것도 방법이다.

성능개선 콘크리트 이 밖에도 콘크리트의 단점을 보완한 특수콘크리트가 있다. 타설 시간을 단축하는 프리캐스트콘크리트(PC), 중량을 낮춘 경량기포콘크리트(ALC)는 특수콘크리트 중에서도 자주 사용되는 것들이다. 기존의 콘크리트는 비빔이나 타설 등으로 현장의 규모와 공사기간에 한계가 있다. 프리캐스트는 공장에서 제작된 구조물을 현장에서 조립하여 이런 단점을 보완한다. 구조체와 외벽 마감공사를 병행할 수 있어 공사기간을 단축할 수 있고, 반복된 형태의 모듈을 제작하는 데 효율적이기 때문에 교량의 구조물이나 아파트와 같은 건물을 시공하기에 훨씬 간편하다. 하지만 개별적으로 생산된 콘크리트를 조립하기 때문에 중량이 커질수록 이음부가 약하고 설치와 장비에 제약이 있다. 또, 가벼운 ALC가 있다. ALC는 높은 압력과 온도에서 만들어 공기가 구조체의 80%를 차지한다. 건식, 조립식 공법으로 시공해 인건비와 공사기간, 공사비용을 절감할 수 있다.

유리섬유보강콘크리트(GFRC), 초고성능콘크리트(UHPC) GFRC는 유리섬유를 콘크리트에 혼합한 것이다. 섬유가 골재를 얼기설기 붙잡고 있어 힘이 가해졌을 때 기존 콘크리트보다 큰 저항성을 갖는다. 덕분에 급작스러운 균열이나 붕괴를 막고 내진용 구조재로 사용할 수 있다. 거푸집에 분사해서 타설하기 때문에 비정형 작업에 유리하다. 하지만 국내에서 건축 구조물로 사용하기에는 아직 물리적 인장과 강도에 대한 자료나 검증이 부족하다. 현재는 판형으로 만들어 외벽의 치장마감재로 사용하는 것이 전부지만 공법이 발달하면 구조재나 보완재 등 다양하게 활용될 것이다. UHPC 역시 섬유를 섞는다. 하지만 GFRC와는 다르게 0.5㎜의 골재를 사용한다. 작은 골재를 사용할 경우 혼합된 섬유와 얽히면서 골재의 배열이 균일하고 촘촘해진다. 골재의 크기를 바꿨을 뿐이지만 기존 재료보다 훨씬 뛰어난 휘어짐과 강도를 갖는다. UHPC는 염분과 오염에 대한 내성도 좋아 이미 토목에서는 교량과 댐의 재료로 활발히 사용되고 있다. 건축에서는 아직 검증된 자료가 적어 이제 막 사용하기 시작하는 단계이다. 하지만 보편화된다면 건물의 외장재나 가구, 해안가 건물의 재료로 활발히 사용될 수 있을 것이다.

TIP
헤베? 루베? 레미콘 정보를 찾기 위해 방문한 웹페이지에 '헤베' 혹은 '루베' 단위를 보고 난감한 적이 있을 것이다. 출처와 의미를 알 수 없는 이 단어는 미터법보다 익숙하게 쓰이는 현장 용어다. '헤이호우메토루(평방미터, 平方, メートル)'와 '릿보우메토루(입방미터, 立方, メートル)'를 줄인 말로 정확한 발음은 '헤베이'와 '류베이'이다. 이에 대해 중국에서 영어 미터(m)를 한자 米로 표기한 음차를 일본이 가져다 쓰고 다시 한국식으로 바꿨다는 설이 있다. 국내의 건축현장에는 여전히 일제강점기의 잔재가 남아있다. 잘못된 표현들을 알고 올바르게 사용하는 것이 중요하다.

용어정리
1) 호칭강도 골재의 최대치수
2) 기초(基礎) 건물, 다리 따위와 같은 구조물의 무게를 받치기 위하여 만든 밑받침
3) 거푸집 콘크리트 구조물을 일정한 형태나 크기로 만들기 위하여 일시적으로 설치하는 가설물

Placement of Concrete

정신오, 심영규 에디터

콘크리트의 타설

공사를 마치면 집의 마감과 강도, 내구성 등 여러 가지를 확인한다. 하지만 얼마나 견고하고 단단하게 지어졌는지 직접 생활하며 알아가는 수밖에 없다. 눈으로 볼 수 있는 건 겉으로 드러나는 외관이고 대부분 마감에 관심이 쏠려 보이지 않는 내부의 철근이나 거푸집이 잘 시공됐는지 꼼꼼하게 챙기지 못해 소홀할 수 있다. 콘크리트는 눈에 보이는 부분보다 보이지 않는 곳에 더 많으므로 공사 중에도 잘 보이지 않는 철근과 거푸집 공사를 꼼꼼히 챙겨야 한다. 전체 공사의 절반 이상을 차지하며 동시에 건물의 수명이 결정되는 중요한 과정이다.

뼈대를 세우는 골조 공사

현대건축에서 가장 일반적으로 사용하는 철근콘크리트 구조(RC)는 철근을 설치한 채로 콘크리트를 부어 굳히는 방식의 구조다. 콘크리트만 사용하는 경우, 휘어지는 기능이 약하기 때문에 큰 힘을 받으면 부서질 수 있는데, 철근이 힘을 분산해 이를 막는다.

주택 공사는 규모에 따라 다르지만, 평균적으로 5개월 정도 걸린다고 가정하면 뼈대를 세우는 골조공사가 3개월을 차지한다. 이때 어떤 철근을 어느 간격으로 설치했는지에 따라 건물의 내구성과 강도가 달라진다. 철근은 형태에 따라 원형철근과 이형철근으로 분류하고, 호칭강도(눌렀을 때 변형이 생기기 시작하는 시점의 힘)에 따라 일반철근(Deformed Bar, 300MPa 이상)과 고장력철근(High-tension Deformed Bar, 400MPa 이상), 초고장력철근(Super High-tension Deformed Bar, 500MPa 이상)으로 구분한다. 일반적으로 현장에서 사용하는 구조용 철근은 고장력이형철근이다. 과거엔 원형철근을 주로 사용했지만 마찰 면적을 넓게 만든 이형철근이 등장하면서 대부분 이형철근을 사용하게 되었다. 쓰임에 따라 다른 지름의 철근을 사용한다. 예를 들어 바닥과 벽을 타설할 경우엔 지름 10, 13㎜, 힘을 많이 받는 기둥인 주근의 경우엔 지름 22, 25㎜의 철근을 주로 쓴다. 간혹 자재비를 아끼기 위해 규정보다 낮은 호칭강도나 작은 지름의 철근을 쓰기도 하며 규격에 맞지 않고 품질이 낮은 중국산 철근을 사용하기도 한다. 철근이 올바르게 배근되었는지는 철근에 1.5m마다 표시되어 있는 마크를 확인해보면 알 수 있다. 원산지와 제조자, 지름과 철근의 종류가 기호로 표시되어 있다. 각 표시의 의미를 알고 규정과 비교할 수 있다면 현장에서 잘못 시공되는 상황을 사전에 방지할 수 있다.

잇고 연결하는 배근

철근이 콘크리트에 단단히 고정되지 못하면 온전히 힘을 분산하지 못해 균열이 생긴다. 철근콘크리트 구조가 제대로 인장력을 받기 위해서는 철근과 콘크리트가 잘 붙는 것이 중요하다. 배근[1]과 이음을 주의해야 하는 이유다.

배근 간격에 따라 철근의 강도가 정해진다. 배근이 듬성듬성하면 인장력이 떨어져 균열이 생길 수 있다. 반대로 너무 촘촘하면 콘크리트가 고르게 퍼지지 않아 재료가 분리될 수 있다. 그래서 최소 간격이라는 기준을 정해 굵은 골재가 철근에 걸리지 않도록 한다. 최소간격은 철근지름의 1.5배, 굵은 골재 최대치수의 1.25배 그리고 25㎜(p.45 참고) 중 큰 값으로 한다. 보통 최소간격을 고려한 값이 철근의 크기와 함께 도면에 적혀있다. 예를 들어 도면에 'D10@300' 기호는 지름이 10㎜인 철근을 300㎜ 간격으로 배근하라는 의미다.

원형철근

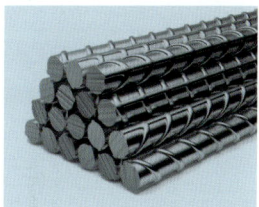

이형철근

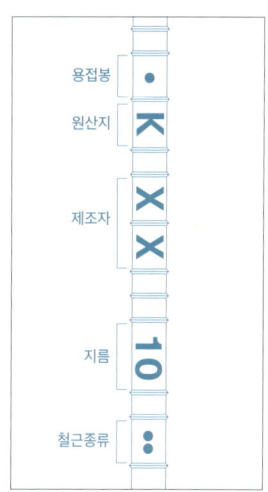

용접봉	•
원산지	K
제조자	X X
지름	10
철근종류	::

철근 구별법

거푸집은 일종의 틀로 콘크리트를 설계한 모양과 크기에
맞게 타설할 수 있게 한다. 콘크리트 표면의 마무리를
결정하기 때문에 공사에서 가장 공을 들인다.

유로폼 틀

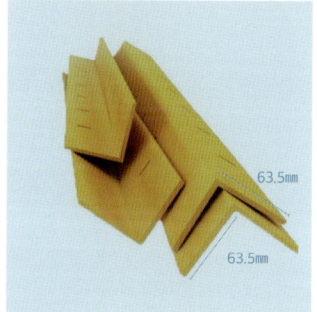

아웃코너 거푸집 바깥 틀에 볼트로 고정해 사용하는 가설철물

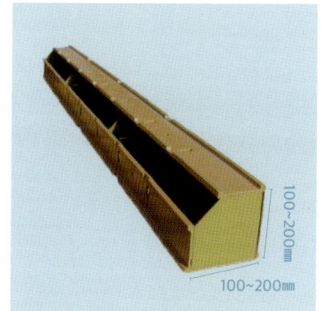

인코너 유로폼의 틀 안쪽에 끼워 규격보다 작은 크기의 벽을 만들 때 사용하는 가설철물

철근은 끊어지는 부분 없이 사용하는 것이 좋지만, 생산과 운반 그리고 현장 상황상 적당한 크기로 자를 수밖에 없다. 배근하면서 철근을 길이 방향으로 연결하는데 이를 이음이라고 한다. 이어지는 부위는 큰 힘을 받을 수 없다. 그래서 한 곳에 이음을 집중하지 않고 힘을 많이 받지 않는 곳에 둔다.

이음에는 겹쳐서 잇는 겹침이음(lap splice), 용접하는 용접이음(welding joint), 그리고 기계식 이음이 있다. 겹침이음은 두 철근을 다른 철근으로 묶는 방식이다. 시공도 간단하고 비용이 저렴해 현장에서 많이 사용한다. 하지만 결속선이 철근이라 재료 손실이 크고 완전히 결합하기 어려워 불안한 방식이다. 용접이음은 상대적으로 재료 손실이 적고 일체성도 좋다. 다만, 용접봉을 녹이는 과정에서 높은 열을 사용하기 때문에 철근의 성질이 변할 수 있어 주의가 필요하다. 기계식 이음은 철근의 양단에 부속철물을 연결해 묶는 방식이다. 시공이 간편하고 단단하지만, 부속철물이 공장가공품이라 규격이 정해져 있어 그 이상의 철근을 이을 때는 사용할 수 없다.

콘크리트의 집, 거푸집

거푸집은 일종의 틀로 콘크리트를 설계한 모양과 크기에 맞게 타설할 수 있게 한다. 공사가 끝나면 철거하는 임시설치물이지만 콘크리트 표면의 마무리를 결정하기 때문에 공사에서 가장 공을 들인다.

거푸집의 종류 거푸집은 콘크리트와 직접 만나는 거푸집널과 형태를 유지하기 위한 부속품으로 구성된다. 널은 재질에 따라 금속과 목재가 있다. 금속 거푸집은 목재보다 변형이 작고 반복해서 쓸 수 있지만, 열전도율이 높아 여름과 겨울에 잘 쓰지 않는다. 목재 거푸집은 가공이 편하고 누수가 적어 자주 사용되는 재래식 거푸집으로 열전도율[2]이 낮아 겨울철 공사할 때 쉽게 볼 수 있다. 하지만 소형 패널로 제작하기 때문에 조립하고 설치하는 데 많은 인력과 시간이 든다. 공사 규모가 큰 경우에는 비효율적이다. 시스템 거푸집은 이러한 단점을 보완한 것으로, 작업틀을 일체화하여 부재를 조립하고 해체하는 과정을 단축한다. 벽전용, 바닥전용, 벽과 바닥 일체형으로 구분한다. 반면 초기 제작비가 많이 들고 주로 대형 현장에 사용되기 때문에 이 책에선 자세한 설명을 생략한다.

유로폼 소규모 건물의 경우 시스템 거푸집 대신 유로폼을 주로 사용한다. 유로폼은 철재 틀에 12㎜ 두께의 목재나 합판으로 널을 바꾸며 사용하는 거푸집이다. 재래식 거푸집은 최대 6회로 사용 횟수가 제한적인데 유로폼은 널을 바꾸면 얼마든지 재사용이 가능하다. 규격화된 기본 유로폼(1200×600㎜)과 주문 제작하는 비규격 유로폼, 이형 유로폼(1200×300㎜, 1200×400㎜, 1200×450㎜ 등) 등이 있고 인코너나 아웃코너와 같은 긴결철물을 이용해 크기를 조정한다. 인코너는 유로폼의 틀 안쪽에 끼워서 규격보다 작은 크기의 벽을 만들 때 사용하는 가설철물이다. 보통 깊이가 100, 150, 200㎜로 거푸집틀보다 높게 만들어 콘크리트가 흘러넘치는 것을 막는다. 반대로 기본 거푸집보다 큰 규격이 필요할 때는 아웃코너를 사용한다. 거푸집 바깥 틀에 볼트로 고정해 사용하는 가설철물로 거푸집틀의 깊이와 같은 길이인 63.5㎜다.

유로폼은 사용 횟수에 따라 가격이 다르다. 제품을 구매 혹은 대여할 때는 신품과 중고가 있다. 중고는 철재틀만 중고이고 쇼트의 널은 새로 교체한 것과 철재틀과 합판 모두 중고인 것이 있다. 쇼트의 경우 합판이 새것이기 때문에 타설과 마감에 큰 무리가 없지만, 틀과 합판 모두 중고일 때는 구멍이 많고 합판 자체가 손상된 경우가 있으니 확인하고 선택해야 한다.

거푸집 부속 거푸집은 콘크리트를 부어 넣는 속도와 자체의 유동성, 무게에 따라 변형이 될 수 있다. 거푸집의 변형은 건물의 형태와 구조문제로 직결되기 때문에 여러 부속을 사용해 형태를 고정한다.

먼저 철근의 피복두께를 위해 사용하는 간격재(spacer)가 있다. 피복두께는 철근의

목재 거푸집을 사용하면 콘크리트에 나무의 결을 새겨
음영을 줄 수 있다.

송판이나 대나무 등 거푸집으로 사용할
목재를 선택한다.

틈이 생겨 콘크리트가 새지 않도록
조밀하게 설치한다.

레미콘을 타설한다.

일정시간 경과 후 거푸집을 분리한다.

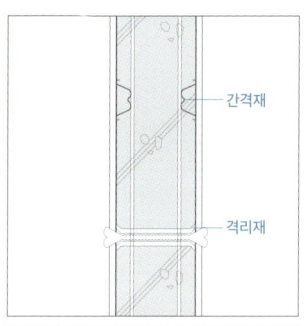

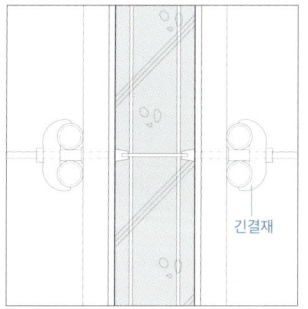

거푸집 고정 부속 철물

표면에서 콘크리트까지 최소 거리인데 콘크리트를 부으면서 철근이 밀려 표면에 노출될 경우 화학반응이나 경화열로 부식될 위험이 있으므로 가장 바깥 철근과 거푸집 사이에 설치해 철근이 밀리는 것을 방지한다. 또한 거푸집이 벌어지기도 하는데, 격리재(separater)를 사용해 거푸집 널 사이를 단단히 고정한다. 끝으로 형태를 잡기 위해 사용하는 철물을 긴결재(form tie)라고 한다. 보통은 특수하게 고안한 못이나, 철선을 사용한다. 콘크리트의 마감면에 일정한 간격으로 움푹 팬 구멍을 찾을 수 있는데 이 구멍을 '콘'이라고 한다. 이 구멍은 나사못 형태의 긴결재로 거푸집을 고정하면서 남은 흔적이다. 콘은 거푸집 널의 크기에 따라 결정된다. 가장 널리 사용되는 널은 1,820×910㎜와 1,220×2,440㎜인데, 긴결재에서 널모서리까지 최단거리와 간격이 1대 2가 되도록 하므로 긴결재를 600×460㎜ 또는 610×610㎜으로 설치하는 경우가 많다. 노출콘크리트의 거장, 안도 타다오 역시 600×460㎜를 자주 사용한다.

지하부터 지상까지 타설 과정

거푸집은 전기나 설비, 소방과 같은 배관, 기타 매설물의 시공 순서를 결정한 후 시공한다. 한번 타설해서 굳어지면 형태를 바꾸기 어렵기 때문이다. 일반적으로는 거푸집을 조립한 뒤 그 내부에 철근을 배근하고 콘크리트를 붓는다. 지하에서 지상의 순으로 시공 순서를 알아보자.

기초부 기초부의 토공사를 마친 뒤 기초의 옆면에 거푸집을 조립한다. 지면과 연결해 만든 콘크리트 기초의 테두리에 거푸집을 두른다. 거푸집 안쪽에 철근을 배근한다. 거푸집을 조립한 뒤에는 긴결재를 이용해 거푸집이 터지거나 망가지지 않도록 한다. 기초에 배근한 뒤 기둥 철근을 기초에 정착하고 콘크리트를 타설한다. 충분한 양생[3]을 거쳐 기초판이 굳어지면 지하 구조물이 완성된다. 굳은 기초판 콘크리트에 기둥 철근이 고정된다.

지상 작업 고정된 기둥 철근에 거푸집을 세운다. 내력벽의 경우 벽의 한쪽 면에 거푸집을 세운다. 기초판과 마찬가지로 거푸집이 완성되면 내부에 철근을 배근하고 나머지 벽면에 마저 거푸집을 조립한다. 수직 구조체의 거푸집이 완성되면 수평 구조체 거푸집의 조립을 시작한다. 큰 보와 작은 보 순서로 바닥면의 거푸집을 세우고 측면에 거푸집을 두른다. 보의 거푸집이 완료되면 바닥판 거푸집까지 조립한 뒤 콘크리트를 타설한다.

해체 계획된 강도가 양생을 거치고 거푸집이 콘크리트의 측압[4]을 받지 않게 되면 해체한다. 거푸집을 제거할 때에는 조립할 때의 역순으로 수평 구조체부터 떼어낸다. 먼저 측면의 거푸집을 해체하고 바닥면의 거푸집을 떼어낸다. 해체할 때는 충격이나 진동이 가해지지 않도록 조심히 떼어내고 부위별로 거푸집을 보관한다.

후처리 많은 사람이 거푸집을 해체하는 것으로 모든 시공이 끝난다고 생각한다. 하지만 실제로는 재료분리나 결함 등의 하자로 노출면을 보수해야 하는 경우가 대부분이다. 이렇게 노출면을 보수하는 것을 후처리라고 한다. 후처리는 보수 범위에 따라 부분 보수공법과 전면 보수공법, 보수 방식에 따라 미장공법과 도장공법으로 나눌 수 있다. 가장 핵심은 하자면을 얼마나 자연스럽게 살리는가에 있는데, 자세한 내용은 다음에서(p.67 참고)에서 다룬다.

건조와 양생

콘크리트는 타설 후 3~5일만 지나도 표면이 건조된 듯 보인다. 하지만 내부는 여전히 습기가 남아 있다. 원하는 강도를 얻기 위해서는 28일 정도가 걸리는데 그 기간동안 적당한 온도와 습도를 유지해야 하며 과도한 충격을 받지 않도록 보호한다. 이 과정을 양생이라고 한다. 양생이 잘 안 되면 강도가 떨어져 금이 가거나 먼지가 나는 등 하자가 생길 수 있다. 대부분은 수분을 통해 온도와 습도를 조절하는 습윤양생이다. 습윤양생은 수분이 날아가는 것을 방지하는 방법(밀봉양생)과 공급하는 방법(수중양생, 살수양생)으로 구분할 수 있다.

거푸집을 타설할 형태에 맞게 설치하면 내부에 설계에
맞추어 철근을 배근한다.

가장 이상적인 것은 콘크리트를 수중에서 양생하는 수중양생이지만, 실제 실행하긴 어려워 현장에서는 보통 살수양생을 한다. 살수양생은 스프링클러나 핀홀을 이용해 물을 공급하는 방식이다. 물을 뿌릴 때는 중간에 콘크리트가 마르지 않도록 주의하고, 콘크리트 표면이 침식될 수 있으므로 물을 너무 세게 뿌리지 말아야 한다.

밀봉양생은 유해물질을 차단하고 콘크리트가 건조하지 않도록 덮개를 씌우는 방식이다. 일반적으로 면적이 크거나 여름철 수분이 증발해 균열이 생기는 것을 방지한다. 밀봉할 때 가림막이나 바람막이, 비닐 같은 표면 덮개를 씌우는데 시트가 잘 포개지고 이음새가 밀봉되어 수분손실이 생기지 않도록 한다. 혹여 양생 기간 중 파손이나 구멍이 생긴다면 양생의 연속성이 저해될 수 있으므로 즉시 보수해야 한다.

집 속의 집

철근콘크리트 비용의 절반은 거푸집이다. 실제 철근은 배근과 이음, 거푸집은 수평틀, 격리재, 긴결재, 동바리 등의 복합적인 작업이 따르기 때문이다. 이 중 어느 하나라도 잘못되면 건물의 안전과 직결되기 때문에 소홀히 할 수 없다. 결국 거푸집은 집 속의 또 다른 집을 짓는 것과 같다. 책에서 소개된 내용은 콘크리트가 타설되는 과정의 극히 일부일 뿐 기능과 종류에 따라 공사법이 천차만별이고 도면에 표현되는 기호 역시 다양하다. 집이 형태를 잡아가는 과정을 자세히 알고 싶다면 직접 현장을 다니며 하나씩 알아가는 공부가 필요하다.

용어정리
1) 배근(配筋) 철근콘크리트 구조물에서, 설계에 규정된 간격에 맞추어 철근을 배열하는 것
2) 열전도율(熱傳導率) 물체 속을 열이 전도하는 정도를 나타낸 수치
   ―전도(傳導) 열 또는 전기가 물체 속을 이동하는 일
3) 양생(養生) 콘크리트가 완전히 굳을 때까지 적당한 수분을 유지하고 얼지 않도록 보호하는 일
4) 측압(側壓) 물체 측면에 작용하는 압력. 거푸집널에 작용하는 토압. 콘크리트의 수평 방향의 압력 등이 있다.

Post-Treatment of Concrete

혼화재료와 마감

앞서 콘크리트의 구성편에서 레미콘을 설명하며 몇 가지 혼화재료에 대해 언급했다.
그 외에도 콘크리트의 성능과 재질 또는 용도를 바꾸는 다양한 화학 약품이 많다.
공기구멍이 발생하는 기포제, 시멘트를 부풀게 하는 발포제, 철근이 녹슬지 않게 하는
방청제, 구조체에 방수가 되도록 하는 방수제, 색깔을 낼 수 있는 착색제, 빨리 굳게
하는 촉진제, 천천히 경화될 수 있게 하는 지연제 등은 시공 현장에서 용도에 맞춰
자주 사용하는 약품이다.

물성을 바꾸는 화학약품 혼화제

혼화제(混和制, chemical admixtures)는 보통 한 가지의 약품이 다양한 목적을 겸하고
있으므로 그 종류를 성질에 따라 구분하는 것은 어렵지만, 국내에선 AE제와 유동화제가
혼화제의 90% 가까이 차지한다.

AE제 'air-entraining agent'의 약자로 말 그대로 콘크리트에 기포를 만들어 작업을 쉽게
하려고 사용하는 약품이다. 기포가 들어가면 작업이 수월해지고 내구성과 내마모성[1]이
높아진다. 주로 겨울철 콘크리트가 어는 것을 방지하기 위해 사용한다. 반면, 철근과의
결합력이 낮아지고 콘크리트 속에 존재하는 공기 때문에 강도가 저하되는 단점이 있다.
공기량은 콘크리트 부피의 3~6% 정도가 적합하다고 알려져 있다. AE제는 단위 시멘트 무게에
대하여 0.01% 정도이므로 약 10%의 농도가 되도록 희석하여 콘크리트 전체에 잘 섞이게 한다.

감수제 감수제는 콘크리트에 사용되는 물의 양을 줄이기 위해 사용하며 일반감수제와
AE제를 섞은 AE감수제로 구분한다. 주성분은 비누, 세제 등에 포함된 계면활성제로 시멘트
입자가 서로 붙지 않도록 분산시켜 콘크리트가 물처럼 흐르도록 만든다. 덕분에 필요한 물의
양을 줄이면서 수월하게 작업할 수 있다. AE감수제는 응결 시간을 조절하는 성분을 별도로
첨가한다. 현장에서 필요한 약품이지만, 많이 사용하면 응결이 지연되고, 심한 경우 콘크리트가
아예 굳지 않는다. 사용량은 종류나 제품에 따라 시멘트 중량의 0.1~0.5% 정도로 한다.

유동화제 콘크리트에 첨가해 유동성을 늘리는 혼화제다. 국내에서는 감수제와 유동화제가
서로 같은 제품인 것처럼 통용되지만, 감수제는 단위수량을 줄이기 위해서 사용하는
혼화제이고 유동화제는 물의 양을 유지하면서 유동성을 높이기 위한 약품으로 서로 다르다.
보통 시멘트 중량의 0.3%~2.0%를 표준으로 하며 현장 배합 조건에 따라 충분한 실험 후
사용량을 정한다.

촉진제, 지연제 촉진제는 콘크리트의 응결과 경화를 촉진하는 혼화제로, 겨울철 시간 단축과
동결을 방지하기 위해 사용한다. 그러나 시멘트 중량의 2% 이상 사용하면 큰 효과 없이 오히려
바로 굳거나 충분하게 단단하지 않은 상태가 될 수 있다. 또한 철근의 부식과 콘크리트의
건조와 수축 그리고 황산염에 대한 저항성을 낮추기 때문에 철근콘크리트구조에는 쓰면
안된다. 반대로 지연제는 콘크리트의 응결과 경화를 지연하는 혼화제로, 운반 거리가 먼
레미콘에 첨가한다. 그러나 너무 많이 넣으면 경화 불량과 강도 저하가 생길 수 있다.

혼화재료는 콘크리트의 성질, 품질,
시공에 크게 영향을 준다.
다양한 혼화재료를 사용하여
콘크리트의 색상 뿐 아니라 성질과
품질, 용도까지 조절할 수 있다.

방청제 콘크리트 속의 철근 부식 방지를 막기 위한 혼화제로, 철근콘크리트에 바닷모래나 바닷물을 사용할 때 염화물에 의한 부식을 방지하기 위해 사용한다. 그러나 방청제를 사용해도 효과를 얻지 못하고 강재의 국부 부식이 현저하게 나타난다는 연구결과도 있다.

방수제 콘크리트의 흡수성과 투수성을 낮추는 혼화제로 미세한 물질을 혼입해 콘크리트 속의 공극을 만들거나 발수성[3] 물질을 발라 흡수량을 차단하는 약품이다. 재료에 따라 방수효과가 극대될 수 있지만, 콘크리트의 성질을 해치는 것도 있다. 무기질계(염화칼슘, 규산소다, 실리카질 분말 등)와 유기질계(고급지방산, 파라핀 에멀전, 고무라텍스 등)등이 많이 쓰인다.

기포제, 발포제 콘크리트의 단위용적중량[4]을 낮추거나 단열성과 충전[5]성을 개선하기 위한 용도로 물리적인 기법으로 기포를 투여하는 것을 기포제라 하고 화학반응으로 가스를 발생시켜 기포 콘크리트를 만드는 것을 발포제라 한다. 기포를 넣는 방법은 거품을 만드는 믹스폼법과 미리 거품을 만들어 놓고 후에 혼합하는 프레폼법이 주로 쓰인다. 구조용으로는 10~60% 정도, 단열용으로는 70~85% 정도 기포를 넣는다.

시멘트를 대체하는 혼화재

혼화재(混和材, mineral admixtures)는 콘크리트 1㎥ 속에 수 kg 이상의 대량으로 사용하여 시멘트의 대체 혹은 부족한 시멘트 반죽을 보충하는 무기질을 말한다. 보통 많은 양으로 물리적인 작용을 하며 소량을 첨가해 화학적 작용을 하는 혼화제와 다르다.

플라이 애시 화력발전소에서 발생하는 석탄회나 각종 부산물을 집진기로 포집한 플라이 애시는 인공포졸란으로, 시멘트와 작은 골재를 대체하고 벽돌, 타일, 성토 등에 이르기까지 다양한 분야에 사용된다. 무연탄을 사용한 석탄회는 시멘트의 원료로, 유연탄을 사용한 곳의 플라이 애시는 콘크리트 혼화재로 사용한다. 단위수량과 수화열에 의한 발열을 줄이며 댐이나 교각처럼 구조체가 큰 덩어리 콘크리트에 유리하다. 시멘트와 골재 접촉면의 마찰저항을 줄이는 베어링 같은 효과를 내므로 작업하기 편해지고 바닷물에 대한 내구성이 향상된다. 반면, 미연소탄소를 함유한 플라이 애시를 사용하면 콘크리트에 흑색반점이 생기는 경우가 있고 다공성의 플라이 애시는 수분을 흡착해 콘크리트의 유동성을 낮출 우려가 있다. 따라서 보존 중에 입자가 응집하지 않도록 저장에 유의한다.

정해진 수치대로 계량된 혼화재와 시멘트, 물, 골재를 배합한다.

고로슬래그 미분말 고로슬래그는 용광로에서 철광석을 제조할 때 생성되는 부산물로, 고온의 용융 슬래그[6]를 대기 중에서 냉각해 얻는 서냉 슬래그와 압력수로 급냉하는 수쇄 슬래그로 구분한다. 고로슬래그 미분말은 수쇄 슬래그를 건조해 작은 가루로 낸 뒤, 입자의 크기대로 선별한다. 장기적으로 콘크리트의 강도와 화학저항성[7]이 증가하며 온도 상승과 염류의 침투 그리고 알칼리와 골재가 반응하는 것(알칼리 골재 반응[8])을 억제하는 효과가 있다. 단, 고로슬래그를 섞은 콘크리트는 타설할 때와 양생할 때 10℃ 이상을 유지하는 것이 좋다. 그러나 응결 지연과 탄산화[9] 저항능력 저하, 수화열 상승 등의 부작용을 일으킨다는 부정적인 의견과 콘크리트의 내구성이 대폭 상승한다는 긍정적인 의견이 대립하며 논쟁을 하고 있다.

실리카 흄 실리콘 같은 규소 합금을 만들 때 생기는 폐가스에 포함되어 있는 이산화규소를 집진기로 얻는 초미립자의 부산물이다. 초고강도 콘크리트 제조에 사용되며 분말도 0.1㎛ 이상의 초미립자(시멘트 입자의 약 1/25)로 시멘트 입자 사이의 공극을 채워 고강도, 고내구성을 얻는다. 5~15% 정도 섞으면 압축강도가 증가하고 20% 정도 섞으면 중성화[10]가 거의 발생하지 않는다는 보고도 있다. 수중 콘크리트나 고강도 콘크리트 제조에 필수적인 재료로 80Mpa 정도를 넘는 고강도 콘크리트에서는 시멘트의 5~10% 정도 대체해 사용한다.

팽창재 콘크리트를 팽창시켜 내부에 미세한 공극을 만드는 혼화재로 콘크리트 내구성에 영향을 미치는 균열이나 탄산화와 염분의 침투로 인한 철근의 부식, 그리고 블리딩[11]과 건조하면서 생기는 수축에 의한 균열을 방지하기 위해 쓴다. 지붕 바닥이나 수영장 등의 구조물에 폭넓게 사용된다. 역시 많이 사용하면 콘크리트 표면에 팽창균열이 생겨 성능 효과를 확인해야 한다.

메타카올린 국내에서는 고령토로 알려진 카올린은 알루미나와 무수규산과의 함수 화합물이다. 카올린은 주로 진흙의 형태로 도자기와 시멘트의 원료로 사용되는데, 이를 고온에서 소성[12]한 후 작은 가루로 만든 것이다. 시멘트 대신 메타카올린 10% 정도를 사용하면 수산화칼슘과 빠르게 반응해 초기 강도를 상당히 올리고 중장기적으로는 콘크리트 조직이 치밀하여 내구성 향상과 고강도 콘크리트에도 큰 효과를 발휘한다. 국내에서는 아직 연구단계지만 미국이나 영국 등지에서는 실리카 흄의 대체재료로 널리 활용되고 있다.

혼화재료의 부작용

혼화재료는 콘크리트의 성질, 품질, 시공에 크게 영향을 준다. 혼화재료가 없는 콘크리트는 생각할 수 없을 정도다. 현재 다양한 종류와 기능의 혼화재료가 사용되고 있지만, 시방서 상에는 제대로 된 기준이 없다. 몇 년 전 한 건설현장에서 AE 감수제가 기준치를 초과하는 양이 투입되면서 7일이 경과해도 콘크리트가 굳지 않는 상황이 발생했다. 그 결과 타설한 콘크리트를 모두 걷어내고 다시 타설해야했다.

　시멘트 자원의 고갈로 혼화재료의 중요성이 날로 부각되면서, 시중에는 많은 제품이 난립하고 있어 사용과 적용에 혼란을 준다. 또한 혼화재료의 특성상 여러 물질을 일정 기준 없이 혼합하여 사용하는 경우도 많다. 이런 화학물질 또한 콘크리트가 굳으면서 모두 외부로 배출된다. 콘크리트 내부까지 모두 기준치 만큼 굳기 위해선 최소 28일 정도가 필요한데 공사 일정이 급해지면 내부가 모두 굳기 전에 마감을 한다. 내부의 화학약품이 모두 빠져나오지 못한 상태에서 급하게 마감을 하면 완공 후에도 표면에 금이 가거나 콘크리트가 약해진다. 무엇보다 입주 후에 레미콘에 첨가한 화학약품이 빠져나와 인체에 유해할 수도 있다. 따라서 혼화재료의 체계적이고 합리적인 사용을 위해서는 품질성능과 시험방법과 평가 시스템을 체계적으로 확립할 필요가 있다. 더불어 신기능의 혼화재료 개발과 함께 합리적인 품질보증체계가 필요하다. 눈에 보이지 않는 만큼 시공 중에 꼼꼼하게 살펴봐야 한다. 무엇보다 서두르지 말고 정해진 시방서나 공사 일정을 지키는 것이 중요하다.

타설 후 시공 상태를 확인하여 면처리를 하는 것이 중요하다. 콘크리트의 결함이나
잘못된 시공을 방치할 경우 빗물이나 미세먼지가 흡착돼 얼룩이 생길 수 있다.

재료분리로 인해 레이턴스가 발생하거나 타설이 제대로
되지 않아 울퉁불퉁해진 표면을 매끈하게 다듬는다.

콘크리트 양생 후 생기기 쉬운 표면 결함이나 균열은
표면보호 마감재를 발라 쉽게 보수할 수 있다.

흙손을 이용하여 표면보호 마감재를 고르게 펴발라준다.
은 실리콘계의 도포 함침형 표면마감재 또는 불소계의
발수제 도료가 주로 사용된다.

콘크리트의 마감재

콘크리트 타설 후 시공 상태에 따라 면처리와 같은 마감공사를 한다. 단순한 레이턴스[13] 제거 작업부터 타설 불량으로 거칠고 울퉁불퉁해진 바닥을 매끈하고 평탄하게 다듬는 작업까지 이에 해당된다. 겨울철 동해를 입어 거칠어진 표면을 깎고 다듬는 작업, 도장 전 표면 정리 같은 작업도 포함된다. 특히 노출콘크리트는 그 자체가 마감재가 되기 때문에 시공결함이 외부에 직접 나타난다. 콘크리트 면을 표면 보호 없이 그대로 방치하게 되면 빗물이나 미세먼지, 각종 중금속 등이 흡착돼 얼룩이 생기게 되는데, 이를 방지하기 위해 표면보호마감을 한다. 일반적인 콘크리트 표면보호 마감재로는 실리콘계의 도포 함침형 표면마감재 또는 아크릴, 우레탄계와 불소계 등의 발수제 도료가 주로 사용된다. 실리콘계 도포 마감재는 콘크리트의 방수성능을 높이지만 시공 후 오염되기가 쉽다. 아크릴, 우레탄 및 불소계 등의 발수제는 착색을 통해 콘크리트의 표면을 보호해주지만 변색의 우려와 내구성이 짧다는 단점이 있다. 실란계 발수제의 경우는 침투성을 높이고 콘크리트 보호와 시멘트 본래의 자연스러움을 표현하여 최근 실리콘계 발수제 대신 많이 사용되고 있으나, 소재 자체가 가스를 투과하기 때문에 콘크리트 중성화 방지에 악영향을 준다. 언급된 다양한 방법을 복합적으로 사용하는 경우도 있으나 시공 단가가 매우 높다. 공통적으로 강화제[14]를 도포하지 않으면 분진이 발생해 환경과 위생에 치명적이다. 콘크리트 종석이 노출될 때까지 확실하게 면처리를 한 후 강화제를 도포하는 것이 좋다. 그러나 아무리 효과적인 표면 마감재라 하더라도 시간이 흐르면 표면 발수효과나 보호효과가 낮아지게 된다. 따라서 콘크리트 구조물의 장점을 살리고 내구성을 높이기 위해서는 콘크리트 공사 전반에 걸쳐 표면마감과 유지관리에 특별히 신경 써야 한다.

용어정리

1) 내마모성(耐磨耗性) 마찰에도 닳지 않고 잘 견디는 성질
2) 단위수량 콘크리트(單位水量) 1㎥을 만들 때에 사용되는 물의 양
3) 발수성(撥水性) 고체의 표면에 발생하는 습기, 습윤에 저항하는 능력
4) 단위용적중량(單位容積重量) 용기에 채운 재료의 중량을 용기의 용적으로 나누어서 구한 값
5) 충전(充塡) 사이의 틈이 없도록 메워서 채움
6) 용융슬래그 용접하면서 열에 녹아 고체상태에서 액체로 변한 슬래그
7) 화학저항성 화학약품 등에 의해 부식되는 것에 견디는 성질
8) 알칼리 골재반응 골재가 시멘트의 알칼리 성분과 반응하여 콘크리트가 팽창하면서 균열을 발생하는 현상
9) 탄산화(炭酸化) 콘크리트 속의 칼슘화합물과 탄산가스가 반응해 탄산칼슘이 나타나게 되는 현상
10) 중성화(中性化) 콘크리트 속의 수산화칼슘($Ca(OH)_2$)이 대기중의 탄산가스(CO_2)와 반응하여 탄산칼슘($CaCO_3$)과 물(H_2O)로 변화한다. 이 반응에 의해 알칼리성이었던 콘크리트가 중성에 가까워지는 현상
11) 블리딩 재료분리의 일종으로 아직 굳지 않은 콘크리트, 모르타르에 물이 상승하는 현상
12) 소성(塑性) 물체가 힘을 받아 변형되어 힘을 가하지 않아도 원래의 모양으로 돌아오지 않는 성질
13) 레이턴스 콘크리트를 굳히는 과정에서 블리딩 현상으로 물이 증발하면서 경화 후 표면에 형성되는 흰빛의 얇은 막
14) 강화제(hardener) 인장력과 내구성, 강도 등 콘크리트의 기능을 향상시키기 위해 첨가되는 약품

콘크리트는 연속해서 타설해 마치 하나의 덩어리가
되도록 하는 게 바람직하지만, 작업시간이나 기상조건,
규모 등 현장상황에 따라 작업량이 정해지기 때문에
줄눈을 두어 몇 개의 덩어리로 나눈 후 순차적으로
시공한다.

Types of Concrete Joints

콘크리트와 틈

박지일 에디터

콘크리트에서 줄눈은 균열에 대응하기 위해 콘크리트에 계획된 틈을 말한다. 건축, 토목, 농업, 광물 등 다양한 분야에서 사용되는 용어로 영어로는 'joint', 국내에서는 조인트, 줄눈, 이음 등 제각각으로 불리지만 건축용어사전에 따라 '줄눈'으로 통일한다. 앞서 언급했듯 콘크리트는 연속해서 타설해 하나의 덩어리가 되도록 하는 게 바람직하지만 작업시간이나 기상조건, 규모 등 현장상황에 따라 작업량이 정해지기 때문에 줄눈을 두어 몇 개의 덩어리로 나눈 후 순차적으로 시공한다.

줄눈의 종류와 특성

줄눈은 목적에 따라 시공에 필요한 시공줄눈, 다양한 변화에 대응하기 위한 기능줄눈으로 구분한다. 모두 설계 초기 단계부터 고려하고 균열의 정도나 온도변화 등에 따라 적절한 공법을 정한다. 줄눈은 구조물의 내력과 내구성 그리고 외관에 큰 영향을 주기 때문에 현장상황에 따라 임의로 변경해서는 안되고 간격, 위치, 수직도, 형상치수 관리에 유의해야한다.

시공줄눈 타설 능력과 작업상황을 고려해 미리 계획한 줄눈이다. 시공줄눈은 구조물을 분할해 타설이 가능하게 하며 시간 차를 두고 타설되는 두 콘크리트 사이의 구조적 결함을 줄여준다. 하루의 시공을 마무리 할 때나 예상치 않은 기상조건 등으로 작업을 중단할 때 설치하는데 이어치기 위한 작업이라 강도에 영향을 적게 받는 곳에 설치하고 이음길이와 면적을 최대한 줄인다. 또한, 건축물의 외관에 영향을 미치지 않도록 한다.

기능줄눈 기능적인 역할을 하는 줄눈이다. 신축줄눈, 조절줄눈, 수축대, 슬립조인트, 슬라이딩조인트 등으로 구분한다. 신축과 수축줄눈은 온도변화에 따른 균열을 막아준다는 공통점이 있지만, 신축줄눈은 시공할 때부터 나누어 타설하여 줄눈을 만든다는 차이점이 있다. 온도변화가 큰 지역은 60m 내외, 작은 지역은 90m 이내마다 설치하며 콘크리트의 강도와 내구성, 그리고 수밀성[1]을 면밀히 검토하여 시공한다.

신축줄눈 기후와 하중 변화, 건조수축[2], 부동침하[3] 등에 따른 균열을 방지하기 위한 줄눈으로 구조체에 수직 또는 수평으로 일정한 간격을 두어 구조물이 자유롭게 움직일 수 있도록 한다. 균열이 한 곳에 집중하도록 설계하거나 구조에 큰 문제를 일으킬 수 있는 팽창, 수축, 지진, 진동 등의 응력에 대응하기 위해 시공 과정에서 구조체를 끊어 그 부분의 응력을 흡수하는 것이다. 균열이 생길 것으로 예상되는 위치나 단열이 되지 않은 지붕층 등 온도차이가 심한 부분에 설치한다. 구조체의 단면을 완전히 분리하므로 현장에서는 분리줄눈(isolation joint)이라고도 불린다.

조절줄눈 지반 등 안정된 위치에 있는 바닥판이 수축하면서 생기는 균열을 방지하기 위한 줄눈으로 바닥, 벽 등의 균열이 일정한 곳에서만 일어나도록 유도하기 위해 설치한다. 조절줄눈은 얇은 금속으로 콘크리트가 경화되는 동안 잘라서 만드는데, 건물 내부의 바닥에

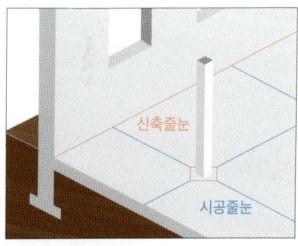

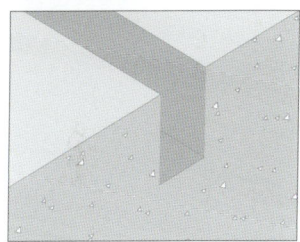

줄눈의 단면

격자모양의 줄눈이 있다면 그것이 조절줄눈이다.

수축대 시공 중 건조나 수축에 의한 응력이 생기지 않도록 하는 임시줄눈이다. 타설 후 발생하는 응력과 균열을 줄이기 위해 콘크리트 바닥과 벽체의 일부 구간을 비워두고 타설하며, 콘크리트의 초기수축이 끝나는 2~4주 후에 비워두었던 부분을 추가로 타설한다.

슬립조인트 조적조 벽체와 콘크리트 슬래브 사이에 설치하는 줄눈으로 온도변화에 의한 변형에 견디는 기능을 한다. 주로 내력벽의 수평균열[4]을 방지한다.

콜드조인트 콘크리트는 타설 후 2시간이 지나면 응고가 시작되는데 먼저 타설한 부분과 나중에 타설한 부분이 연결되지 않으면 전단력과 인장력에 대한 강도가 낮아진다. 이렇듯 일체화가 안돼 발생하는 줄눈을 콜드조인트라고 한다. 시방서에 따르면 이어치기 허용 시간 한도를 25℃가 넘을 때 2시간, 25℃ 이하에선 2.5시간으로 규정하고 있다. 국내의 혼잡한 교통상황과 폭염으로 콘크리트의 온도가 높아지는 경우가 많기 때문에 콜드조인트 현상이 비일비재하다. 철근의 부식이나 균열의 원인이 되기 때문에 콘크리트 표면에 물기를 주거나 시멘트풀(cement paste)과 같은 접착제 등을 사용하여 보강한다.

하자 발생 시 대처 방법
콘크리트의 대표적인 하자 사례는 균열, 변색, 누수 등을 꼽을 수 있다. 이러한 하자 외에도 면 오염과 골재 분리, 모서리각 탈락 같은 사례도 빈번하다. 건설정책연구원에서는 준공 후 1년 이내에 72%, 준공 후 5년 이내에 93%, 공동주택의 경우 입주자 점검 시까지 83%의 하자가 발생한다는 연구결과를 발표하기도 했다. 이렇듯 제대로 된 시공만큼 하자 보수도 중요한 공정이다. 표면 보수는 부분 보수, 전면 보수, 미장, 도장 등의 종류로 구분하는데, 부분 보수는 일반적으로 문제가 되는 부분만 집중적으로 보수하는 것이고, 전면 보수는 표면의 품질 상태와 관계없이 전체의 표면처리를 다시 하는 경우다. 무기질계 콘크리트의 보수 전용 시멘트를 이용하는 미장공법과 도막형 발수제나 수지계 페인트를 사용하는 도장공법 등은 비용대비 효과가 커 가장 많이 사용한다. 보수효과를 높이기 위해서는 언급된 다양한 재료와 공법 중에서 공사조건에 적합한 보수재료를 선택하는 것이 매우 중요하다. 정밀한 보수공사가 되었다고 하더라도 부적절한 보수재료를 사용하여 금방 또 다른 결함을 발생시킬 가능성이 높기 때문이다. 보수의 단가는 표면상 면적에 따라 어느 정도는 정해져 있다고 하지만, 대부분 거푸집을 뜯고 콘크리트면의 상태나 환경을 고려하여 정한다.
　하자 보수 전문 업체는 인터넷을 통해서도 쉽게 찾아볼 수 있지만, 업체를 선정하더라도 다시 하청을 주는 경우가 허다해 성실한 책임시공이 이뤄지지 못한다는 문제점도 있다. 따라서 업체를 선정할 때 하자가 발생한 원인을 명확히 파악하고 있는지, 적절한 사용 장비를 사용하는지, 충분한 시공 인력이 확보되어 있는지 등을 면밀히 살피고 작업 종료 후의 마무리 상태나 작업 일지, 필요한 검사 기록을 확인하는 것이 좋다. 또한 보수를 빠뜨린 부분이 없도록 각별히 주의한다.

콘크리트의 안전 확인법
일반적으로 콘크리트 건물이 안전한지 확인하기란 쉽지 않다. 문제가 되는 균열을 구별하고 강도를 확인해 건물의 품질을 점검할 수 있는 간단한 방법을 소개한다.

맨눈으로 확인하기 균열은 콘크리트가 건조 수축하면서 자연스럽게 생긴다. 콘크리트의 균열은 원인이 다양하며 모든 균열이 위험 신호는 아니다. 구조 균열과 비구조 균열로 나뉘는데, 구조 균열은 건물 구조가 제 기능을 발휘할 수 없는 단계로 진행되기 때문에 위험하다. 비구조 균열은 당장 안전에 문제가 되지는 않지만, 내구성이나 사용성을 저하하고

장기적으로 구조 균열을 일으킬 수 있다.

건물 벽체에 수평으로 생기는 균열은 위험 신호다. 벽체가 안쪽으로 통째로 밀리면서 생기는 구조 균열이기 때문이다. 이러한 상태가 지속되면 건물 자체 하중 때문에 전체가 붕괴할 수도 있다. 즉시 해당 부위를 접착하고 벽체의 뒷면에서 미는 힘을 줄이는 동시에 안쪽에 보강재를 대어 벽체를 고정해야 한다.

바닥과 천장을 살펴보자. 힘을 받는 기둥과 보 주변에 균열이 생기는 것은 위험 신호다. 바닥의 가장자리를 따라 생기는 균열이나 천장의 가운데에서 양옆으로 퍼져나가는 균열, 혹은 보의 양 끝과 중앙부에 생기는 균열은 주로 구조 균열인 경우가 많다.

이 중 개구부의 모서리에 한 방향으로만 대각선으로 균열이 생기는 경우에는 기초의 침하가 원인일 가능성이 높다. 이외에도 기둥과 내력벽에서 수평 방향의 외력에 의해 생기는 X자형 균열, 기둥의 최상부와 최하부에 발생하는 균열, 천장의 중앙부에 배근 방향과 직각 방향으로 발생하는 균열도 모두 구조적인 균열이다. 참고로 콘크리트 건물의 허용 균열 폭은 건조 환경인 경우 0.4㎜, 습윤, 부식성 환경인 경우 0.3㎜이다(국토교통부의 건축구조기준).

장비로 확인하기 측정 장비로 콘크리트의 강도나 손상 여부를 확인할 수 있다. 정확한 측정은 어렵지만, 휴대가 간편하고 작동법이 간단하며 콘크리트를 파괴하지 않으면서 측정할 수 있어 현장에서 점검하기 유용하다. 먼저 철근부식도 및 전기저항 측정기는 콘크리트 표면의 전기저항을 측정해 콘크리트의 부식 정도를 알려준다. 초음파 측정 장비는 콘크리트 내부의 균열과 손상 여부를 확인하고 강도를 측정한다. 송신 부위에서 초음파를 보낸 뒤, 수신 부위까지 도달하는데 걸리는 시간을 측정하여 콘크리트의 강도나 균열의 깊이를 확인한다. 측정시에는 균열이 없는 면을 정해 그라인더로 다듬는다. 이물질을 제거한 면에 초음파가 잘 전달될 수 있도록 접촉제를 바른 후 송, 수신 탐촉자를 대고 측정한다. 건물의 균열과 손상 여부 확인뿐만 아니라 시간이 지남에 따라 콘크리트의 양생 강도가 형성되는 과정을 관찰할 수 있어 구조물 안전 진단에 최적이다. 또한, 목재나 유리, 종이에서도 사용할 수 있어 이용 범위가 매우 넓다.

콘크리트의 강도를 측정하는 데 가장 널리 사용되는 장비는 반발 경도 측정기다. 가격도 저렴한 편이다. 슈미트 해머(Schmidt Hammer)[5]로 콘크리트 표면을 타격할 때 측정되는 반발 경도를 바탕으로 콘크리트의 압축강도를 추정한다. 하나의 측정 부위마다 20~25점을 정하여 각각의 점을 해머로 타격한 뒤, 측정치를 평균 낸 값이 측정 부위의 반발도(R)가 된다. 반발도를 바탕으로 압축강도를 계산한다. 측정 장비가 저렴하고 시험이 간편하여 안전 진단 분야에서 널리 사용된다.

용어정리
1) 수밀성(水密性) 구조물이나 재료에 물이 침투하거나 흡수되는 것을 막는 성질
2) 건조수축(乾燥收縮) 콘크리트 공사 중 필요 양 이상의 물을 사용한 경우, 여분의 물이 증발함으로써 시멘트
　　풀의 수축에 의해 일어나는 콘크리트의 수축
3) 부동침하(不同沈下) 구조물의 기초지반이 가라앉으면서 구조물 여러 부분이 불균등하게 내려앉는 현상
4) 수평균열 벽체가 바깥에서 안으로 밀려들어오면서 벽이 휘어져 생기는 균열이다.
5) 슈미트 해머 반발 해머 또는 콘크리트 테스트 해머라 불리는데, 콘크리트 등의 반발 경도를 측정하는
　　시험기. 현장에서 사용되는 장비는 대부분 200만 원대의 가격이나, 일반인들이 점검용으로 간단히 사용할
　　수 있도록 간소화한 20만원 대의 제품도 있다.

Insulation of Concrete

심영규 에디터

콘크리트의 단열

콘크리트 건축에서 단열은 중요한 문제다. 특히 노출콘크리트는 콘크리트로 외관을
마감해야 하므로 단열재를 외부에 붙일 수 없어 내외부에 이중타설을 하거나
내단열을 선택해야 한다. 이중으로 분리 타설하면 구조와 마감이 일체화되는
콘크리트의 장점이 사라진다. 시공사들은 중단열을 이용해 한번에 타설하는
일체타설로 비용을 절감하는 방법을 개발하고 있고, 건축가들은 열교환을 막고
동시에 내부의 면적을 절약하는 외단열 방법을 고민한다.

단열! 세 가지만 알자

단열재 시공은 힘을 받는 내력벽을 기준으로 단열재의 위치에 따라 내단열, 중단열, 외단열로
분류한다. 외단열은 단열재가 건물의 구조체를 밖에서 감싸기 때문에 단열 성능이 좋다. 또
콘크리트가 외부에 노출되면 온도에 따라 수축 팽창하면서 생기는 균열도 적다. 그래서 가장
많이 시공하는 철근콘크리트구조에서 효율성이 높다. 내부에 습기가 차는 결로를 막고, 축열이
쉽기 때문에 24시간 난방이 필요한 주거용 건물엔 외단열이 가장 바람직하다. 정부에서도
외단열을 권장한다. '건축법 시행령 119조(면적 등의 산정방법) 아항'을 보면 "단열재를
구조체의 외기 측에 설치하는 단열공법으로 건축된 건축물의 경우에는 단열재가 설치된 외벽
중 내측 내력벽의 중심선을 기준으로 산정한 면적을 바닥면적으로 한다"고 돼 있다. 외단열로
시공하면 건축면적과 바닥면적을 계산할 때 벽체의 중심선이 아닌 안쪽의 내력벽의 중심선을
기준으로 하기 때문에 같은 규모를 내단열로 시공하는 것에 비해 더 많은 면적을 지을 수 있다.

내단열은 건물의 안쪽에 단열재를 붙인다. 그러다보니 바닥과 벽, 지붕이 만나는 부분에서
단열이 끊기는 부분이 생긴다. 또한 구조체와 단열재 접합 부위에서 온도 차이로 결로가
발생한다. 이런 불연속틈 때문에 열교[1]현상(heat bridge)이 생긴다. 열교현상은 외벽이나
바닥, 지붕 등에서 단열이 연속되지 않는 부분, 건물 외벽의 모서리, 구조체 일부에 열전도율이
큰 부재에서 열이 집중적으로 흐르는 현상으로 냉교(cold bridge)라고도 한다. 단열의
문제는 결로와도 직결된다. 열교 부분은 표면온도가 낮고 습기가 모여 결로가 생긴다.
내부에 결로수가 많아지면 노출콘크리트 외벽 틈새로 물이 고이고 창호 주위와 내벽, 바닥에
곰팡이가 생길 수 있다.

반면 내단열의 장점도 있다. 구조체가 어느 정도 시공된 후에 실내에서 작업할 수 있어 작업이
쉽고, 비가 와도 공사가 가능하다. 외단열과 비교해서 공기가 짧고, 공사비가 덜 드는 편이다.

중단열은 단열재가 가운데 있다. 일반적으로 콘크리트 건물의 시공은 '철근 배근 - 거푸집
설치 - 콘크리트 타설과 양생 - 거푸집 제거 - 단열 공사 - 마감 공사' 순서로 진행한다. 하지만
중단열은 구조 공사를 할 때 단열 공사를 동시에 진행한다. 노출콘크리트의 경우 구조, 단열,
마감 공정을 동시에 완성할 수 있다. 이런 외벽 중단열 일체화 공법은 '외벽+중단열+내벽
시스템'으로 기존에 많이 쓰던 판상 단열재에 고정철물을 붙여 벽체 사이에 고정한다. 밀폐된
단열층을 만들어 외부로 빠져나가는 에너지를 차단해 벽체와 바닥으로 이어지는 모서리 부위에
결로가 없다. 골조 공사를 할 때 단열재를 부착해 공기를 단축할 수도 있다. 중단열로 시공하면
내부 마감 공사에서 목수 인건비, 내부 단열재, 석고보드, 목재 등의 재료가 생략돼 폐기물
처리비도 절감할 수 있다.

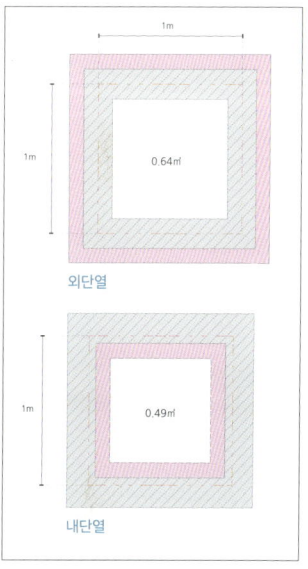

외단열

내단열

실내공간의 효율성
외단열로 시공하면 법적으로 허용되는 면적이 더
넓어져 같은 규모를 내단열이나 중단열로 시공하는
것에 비해 더 많은 실내공간을 확보할 수 있다.

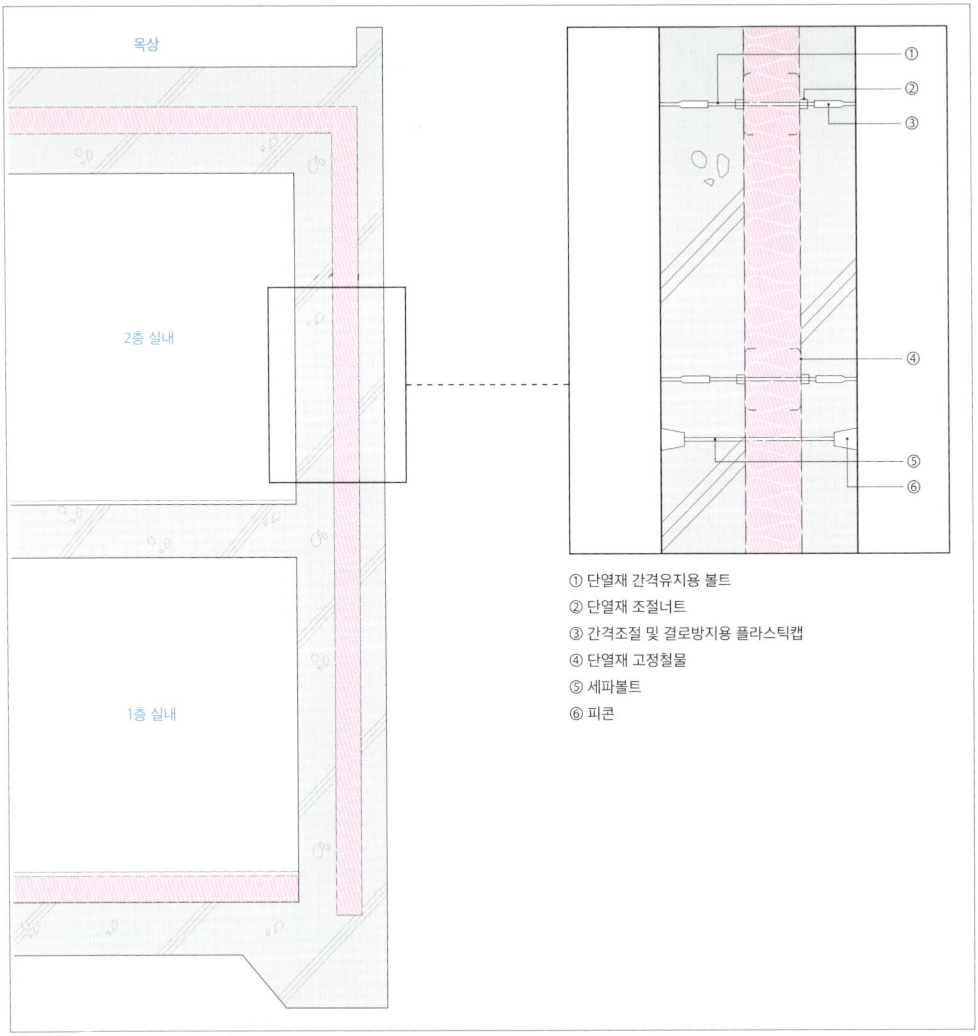
옥상
2층 실내
1층 실내
①
②
③
④
⑤
⑥
① 단열재 간격유지용 볼트
② 단열재 조절너트
③ 간격조절 및 결로방지용 플라스틱캡
④ 단열재 고정철물
⑤ 세파볼트
⑥ 피콘

중단열 구조의 단면 해부도

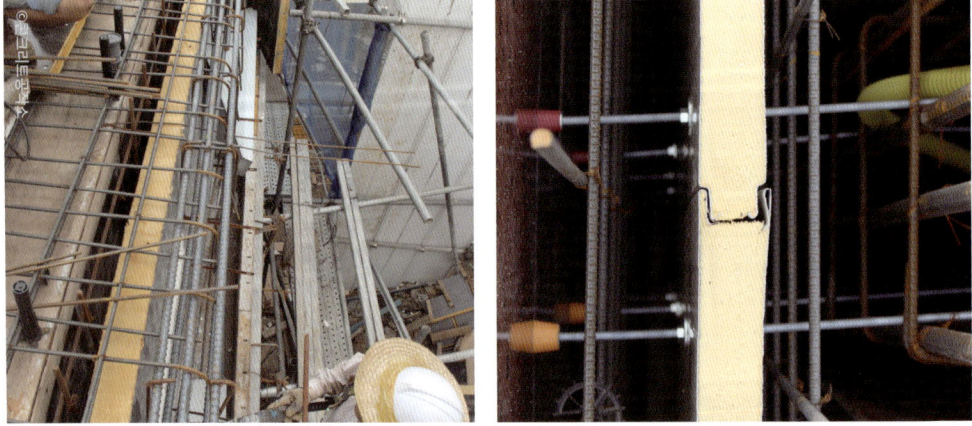

중단열 일체화 공법

외벽 중단열 일체화 공법은 기존에 많이 쓰던 판상 단열재에 고정철물을 붙여 거푸집 사이에 고정한 후, 한번에 타설하여 일체화하는 공법이다.

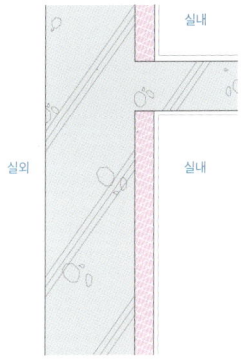

내단열

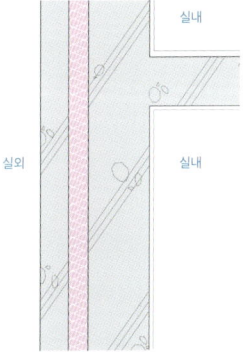

중단열

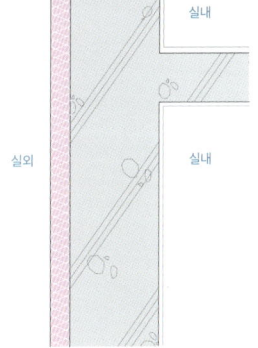

외단열

내단열에서 하자 줄이기

노출콘크리트 건물과 같이 어쩔 수 없이 내단열을 시공해야 한다면 시공 과정에서 최대한 하자를 줄여 단열 성능을 높여야 한다.

일체 타설 콘크리트 타설 시 단열재를 미리 부착하여 골조와 단열재를 한 번에 시공하는 일체 타설은 잘만 시공하면 가장 좋은 방법이다. 골조와 단열재 사이의 공극을 최소화할 수 있다. 이 때, 단열재의 크기를 가능한 넓은 것으로 선택해 단열재를 붙이는 개수를 줄이고, 공극을 최소화하는 방법으로 시공한다. 홈을 만들어 공극을 최소화한 단열재나 요철 형태의 단열재를 사용하면 좋다.

단열재 + 방습층 시공 내부에 마감재를 시공하기 전에 방습층을 만든다. 먼저 골조를 충분히 건조해 습기가 나오지 않도록 한 다음에 단열재를 설치하고, 내부의 습기가 차가운 골조와 만나지 않도록 단열재의 안쪽에 PE 비닐 같은 방습층을 설치해 결로를 방지한다.

단열재 선택 내단열로 시공할 때 시공비가 저렴한 유리섬유나 암면 등을 단열재로 쓰는 경우가 많은데 이러한 재료는 수분 흡수율이 높고, 물에 닿으면 단열 성능이 급격히 떨어진다. 내단열은 어쩔 수 없이 결로가 발생하기 때문에 이러한 재료는 피해야 한다. 불가피하게 써야 하는 경우에는 방습층을 반드시 설치해야 한다. 내단열로 시공할 때는 압출법 보온판과 같이 물에 닿는 부위에 시공해도 문제가 없는 단열재를 선택한다.

바닥난방 바닥난방으로 시공하면 바닥 콘크리트에서 발생하는 열교로 인해 온도가 내려가는 것을 어느 정도 상쇄할 수 있어 하자가 줄어든다. 즉, 벽면에는 곰팡이가 생기더라도 바닥 모서리에는 곰팡이가 생기지 않게 된다.

결론

지난해 여름은 유난히 무더웠다. 겨울철과 여름철의 기온 차이는 50도를 넘나든다. 특히 중부권 이상의 위도에서는 온도 차가 더 심하다. 이럴 때 에너지 문제가 이슈가 된다. 집을 설계하고 지을 때 단열이 점점 더 중요해지고 있다. 작은 틈이 있더라도 실내에선 결로현상이 생기고 작은 결로가 생겨도 내부에 곰팡이가 생길 수 있다. 단순하게 재료와 공사 방법 선택이 중요한 게 아니라 꼼꼼하게 단열을 설계하고 재료를 고르고 시공 과정에서 한 번 더 살펴야 한다.

용어정리
1) 열교(熱橋) 구조체의 일부가 극단적으로 열전도율이 커 냉방시에 다른 부분보다도 온도가 높아지는 경우

단열, 어떤 재료를 사용할까?

구체적으로 단열재를 알아보자. 단열은 이런 열에너지의 흐름을 막아 외기로부터 건축물을 보호하는 것을 말한다. 열에너지는 복사, 대류, 전도로 전달된다. 벽체를 두껍게 만들어 전도로 인한 열을 막을 수도 있고, 공기와 같은 기체를 구조체와 마감재 사이에 두어 열의 흐름을 지연할 수도 있다. 복사열을 차단해 구조체 안쪽으로 열이 전달되는 것을 막는 방법도 있다. 다양한 방식의 단열과 이에 따른 단열재가 시중에 개발, 유통되고 있으며 목적과 용도, 부위에 맞는 선택이 필요하다. 지금 소개하는 단열재는 크게 유기질과 무기질 단열재로 구분한 것으로, 단열재에 대한 더 상세한 정보는 이후 '단열재편'과 '에너지편'에서 다룰 예정이다. 단열재의 등급은 열전도율에 따라 가~라의 등급으로 분류한다. 가등급은 열전도율 0.034W/mK 이하, 나등급은 0.035~0.040W/mK, 다등급은 0.041~0.046W/mK, 라등급은 0.047~0.051W/mK에 해당하며 등급이 올라갈수록 단열성능이 높아진다. 오른쪽의 단열재 종류와 특징에는 물에 저항성을 가진 내수성 유무와 불에 견디는 내화성 등급도 함께 표기했다. 특히 10분 이상 가열해도 불에 타지 않는 불연, 불연재와 동일하지만 불에 탈 때 가스 등이 발생하는 준불연, 준불연보다는 약하지만 일반 자재보다는 어렵게 타는 난연으로 표기했다. 가격은 열관류율 0.26W/㎡K를 만족하는 데 필요한 단열재의 분량을 기준으로 단위면적 1㎡당 산정한 가격(2017년 5월 기준)이다. 특히, KS인증을 받지 않은 단열재는 제품 자체가 아닌 구조체까지 포함된 시험성적서만 보유한 것으로 단열재만으로는 법적 단열기준을 충족시킬 수 없다. 따라서 단열재를 선택할 때 KS인증 여부를 확인하도록 한다.

유기질 단열재의 종류와 특징

비드법단열재 1종 1, 2, 3호

발포 폴리스티렌(PS) 단열재 중 하나로 비드법 단열재 혹은 EPS단열재라고 불린다. 표면에 공극이 많아 수분을 잘 흡수하는 성질이 있어 바닥과 맞닿는 부분에 사용하지 않으며, 지상층의 외벽 마감재로 주로 쓰인다. 반드시 7주가량의 숙성기간을 거쳐야 하자 발생 위험을 줄일 수 있다.

등급	나(4호는 다등급)
내수성	X
내화성	난연
KS인증	O
㎡당 가격	14,060원

비드법단열재 2종 1, 2, 3호

비드법단열재에 탄소를 함유한 합성물질인 그라파이트를 첨가하여 제조한 단열재로 회색빛을 띈다. 동일 밀도의 비드법단열재보다 단열성이 9% 높으며 나머지 성질은 EPS와 같다. 정식 명칭은 비드법2종보온판으로 네오폴, 에너포르, 제로폴 등은 브랜드의 명칭이다.

등급	가
내수성	X
내화성	난연
KS인증	O
㎡당 가격	14,350원

압출법보온판 특호, 1호, 2호, 3호

비드법단열재와 특징은 비슷하나 수분을 거의 흡수하지 않아 직접 물에 닿는 부분에 사용해도 단열 성능이 떨어지지 않는다. 때문에 흙 속에 파묻히는 건물 기초나 습기가 많은 지하층에도 쓸 수 있다. 흔히 XPS라고 칭하며, 아이소핑크는 특정 회사의 브랜드이므로 혼용해서 쓰지 않도록 주의한다.

등급	가
내수성	O
내화성	난연
KS인증	O
㎡당 가격	11,550원

경질우레탄폼 1종 1, 2, 3호

표피가 없어 누드폼이라는 별칭으로 불린다. 단열 성능이 뛰어나 보온과 보냉재로도 사용한다. 수분에 취약해 물이 닿지 않는 부분에 시공해야 하며, 화재시에 유독가스가 발생하므로 내단열재로는 사용이 부적합하다. 밀도에 따라 1호~3호로 구분한다.

등급	가
내수성	X
내화성	가연
KS인증	O
㎡당 가격	18,460원

경질우레탄폼 2종 1, 2, 3호

1종에 패브릭이나 알루미늄으로 표피를 붙여 가공한 단열재를 2종으로
분류한다. 2종의 가격이 1종보다 저렴한 이유는 원래 표면이 붙어 있는 것이
원 제작물이고, 1종은 표면을 제거하는 후속 공정이 추가되기 때문이다.

등급	가
내수성	X
내화성	가연
KS인증	O
m³당 가격	15,300원

수성연질폼

스프레이 폼으로 발포해 시공하는 폴리우레탄 소재의 단열재. 모서리까지
밀실하게 채울 수 있어 단열성능을 높이는 데 도움이 된다. 모세관 현상이
없어 수분을 흡수하지는 않지만, 내부에 결로수가 생기면 하자로 이어질
가능성이 커 방습층을 설치하는 등의 시공에 주의가 필요하다.

등급	나
내수성	X
내화성	난연~가연
KS인증	O
m³당 가격	23,480원(시공비 포함)

셀룰로오스

분쇄한 폐종이에 붕산염을 혼합한 재료로 섬유질 단열재라고도 불린다.
시공할 공간을 밀실하게 만들고, 구멍을 낸 뒤 강한 바람으로 단열재를
불어넣어 충진한다. 재료 자체에 모세관 현상이 있어 단열재에 수분이
침투하면 퍼지며 서서히 증발하기 때문에 하자 발생률을 줄일 수 있다.

등급	나
내수성	X
내화성	난연(난연재 첨가한 경우)
KS인증	X
m³당 가격	25,270원(시공비 포함)

무기질 단열재의 종류와 특징

그라스울 24K~120K

유리를 녹여 섬유처럼 뽑아낸 것을 뭉쳐서 만든 단열재로 목조주택에서 많이
쓰인다. 24K~120K까지 다양한 밀도의 제품이 있으며, 24K~40K는 나등급,
48~120K까지는 가등급으로 분류한다. 수분이 침투되면 단열성능이 급격히
떨어지고, 처짐 현상이 발생해 단열성능에 문제가 생기므로 주의가 필요하다.

등급	나, 가
내수성	X
내화성	불연
KS인증	O
m³당 가격	15,660원(48K 기준)

미네랄울 1호, 2호, 3호

규산 칼슘계 광석을 1,600℃ 고온으로 용융해 제작한 인조 광물 섬유로 만든
단열재이다. 열전도율이 낮아 단열성이 뛰어나며 섬유가 유연해 복원력이
우수한 장점이 있다. 건축물 뿐 아니라 공장, 선박 등에 두루 쓰이며 철골
기둥이나 보의 내화피복재로도 사용된다. 락울(Rock wool)이라고도 불린다.

등급	나
내수성	X
내화성	불연
KS인증	O
m³당 가격	15,240원

기타 단열재의 종류와 특징

열반사단열재

폴리에틸렌발포수지 위에 열을 반사하는 알루미늄 층을 붙인 특수단열재.
복사열을 반사해 건물로 열이 스미는 것을 막아준다. 단열재와 외부 마감재
사이에 반드시 공기층을 만들어야 하고, 단열재 표면이 파손되거나 스터드와
접촉, 이물질이 묻어있으면 그 부분의 단열성능이 떨어진다.

내수성	O
내화성	준불연~가연
KS인증	X
m³당 가격	11,900원

진공단열재

일반 단열재에 비해 8배 이상 단열성능이 뛰어난 고성능 단열재. 두께를 줄일
수 있어 공간의 유효 면적이 늘어나는 효과가 있다. 건축물 단열 외에도 가전
제품이나 에 사용되며 냉동차량이나 아이스박스, 자동판매기 등에도 쓰인다.
고가인데다 진공상태를 유지하기 위한 시공이 까다로워 주의를 요한다.

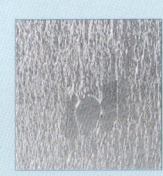

내수성	O
내화성	준불연
KS인증	X
m³당 가격	41,200원(시공비 포함)

3

Works of Concrete

Interview 1
콘크리트로
자연과 인공을 빚어내다

인터뷰
심영규 에디터

콘크리트를 빚어 독창적인 조형의
세계를 구축해온 이뎀도시건축의
곽희수. 그는 2003년 이뎀도시건축을
설립한 이래 14년간 거의 모든 건물의
외장재료로 노출콘크리트를 사용했다.
최근작인 부산시 기장군의 상업 공간인
웨이브온(2016)과 강원도 홍천군의
숙박시설인 유 리트리트(2016), 그리고
김포시의 가까운 교회(2015), 경기도
가평의 신천리 주택(2013)을 둘러보며 그가
줄곧 노출콘크리트를 고집한 이유와 십여
년간 쌓아온 이뎀도시건축의 노하우에
대해 들었다. 지난 4월 한남동에 있는
이뎀도시건축 사무실에서 친환경과
콘크리트의 미래에 대해 흥미진진한
이야기를 나눴다.

곽희수
(이뎀도시건축 대표)
홍익대학교를 졸업하고 2003년부터
이뎀도시건축을 운영하고 있으며 중앙일보
'건축가 곽희수의 단편도시' 칼럼을
연재하고 있다. 그는 F.S. ONE으로
2016년 아메리칸 건축상 금상(American
Architecture Gold Pize), 신천리
주택(고소영, 장동건 주택)으로 제 22회 세계
건축상(World Architecture Award), 그리고
유리트리트로 제 39회 건축가협회상(올해의
베스트7), 2016년 한국 건축문화대상
대통령상을 수상하였다.

기장 웨이브온(2016)은 임랑해수욕장이
내려다보이는 낮은 절벽에 위치하여 여러
각도에서 모래사장과 바다를 감상할 수 있다.

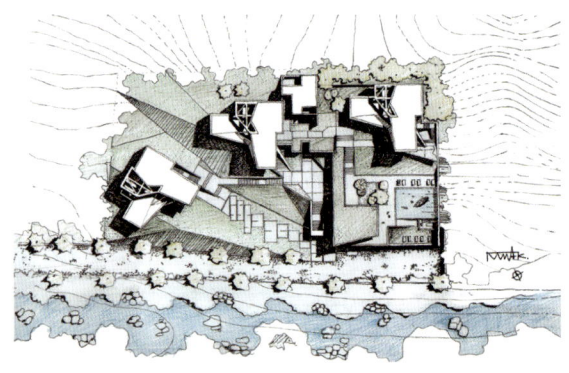

유 리트리트(2016)는 유리창과 콘크리트의 플랫폼을 통해
절벽의 다채로운 장면을 자연스럽게 받아들인다.

감씨(감)   그동안 거의 모든 프로젝트의 외장재료로 노출콘크리트를 사용했다. 특별한 이유가 있나?

곽희수(곽)   노출콘크리트는 내외부를 함께 구축하기 때문에 단순한 외장재가 아니다. 인체에 비유하면 뼈대인 구조이자 외피조직과 같다. 인체의 피막은 근육과 신경조직으로 이루어져 있지 않은가. 끊기지 않는 근육과 피부처럼 콘크리트는 외부와 내부를 단단하게 결속하고 연결한다.

콘크리트 건물의 일차적인 디자인은 건축가가 한다. 하지만 원하는 건축물을 얻기 위해서는 원료를 주입하고 성형하는 거푸집을 만들어야 한다. 노출콘크리트의 미학적 가치는 그것을 만드는 과정에서 일시적으로 구축되고 공사 후 사라지는 거푸집에 있다. 그래서 콘크리트는 '철과 목재(합판)로 짜인 거푸집의 미학'이라고 생각한다. 거푸집을 탈형할 때 현장의 광경은 나비가 누에고치를 탈피하는 과정과 유사하다. 건축가의 창작은 제도판이 아니라 목수의 첫 못질로부터 생사를 가르는 셈이다. 그리고 이 숨막히는 과정이 건축이다. 초기에 이 사실에 경도되었다. 실재하는 건축과 그것을 구축하기 위한 건축. 이 둘 사이의 관계를 풀어내면서 두 개의 건축을 완성하고 있음을 알았다. 그래서 거의 집착에 가까울 정도로 콘크리트를 탐구하고 있다.

콘크리트를 고집하는 또 다른 이유는 적어도 다음 세대 건축가는 재료에 대한 자료 부족으로 시행착오를 겪지 않았으면 하는 바람에서다. 다양한 이유에서 다른 재료에 대한 호기심이 없는 것은 아니지만, 건축가의 짧은 생애를 고려한다면 하나의 재료에 대한 경험과 지식을 기록하고 남기는 것만으로도 충분히 의미 있다.

감 콘크리트의 매력은 무엇인가?

곽 콘크리트는 건축가에 따라 수많은 가능성을 내포한다. 보석도 가공 방법에 따라 가치가 달라진다. 재료도 끊임없이 탐구하고 그 가능성을 한계까지 밀어붙이는 것이 무엇보다 중요하다. 그런 후에야 원하는 보석의 아름다움을 얻을 수 있다. 원석의 가공 못지않게 건축은 시대정신과 병렬적 관계로 진행되어왔다. 어느 한 국가나 개인의 건축적 성과만으로 건축의 가치가 지배되지는 않는다. 결국 차이를 토대로 삼는 건축은 고유한 지역성을 기반으로 내밀하게 도시탐험에 나선 건축가 각자의 몫이다. 그리고 그들은 자신이 처한 도시의 상황을 보다 밀도 있게 해석하고 건축에 투영할 수 있어야 한다. 건축가는 시대를 막론하고 항상 복잡한 시대 상황에 놓여왔다. 우리는 이미 건축이 시대를 반영하는 산물임을 역사를 통해 알고 있다. 재료도 시대에 따라 그 수명을 달리할 것이다. 다만, 현존하는 재료 중 콘크리트는 시대를 반영하는 가장 솔직한 표현 방식일 뿐이다. 나는 자르고 잘라도 단면이 유지되는 콘크리트의 진솔함에 매력을 느낀다.

감 그간 콘크리트를 사용하고 연구하면서 가장 구현하기 힘든 것은 무엇이었나?

곽 복잡한 설계를 구현할 수 있는 건설사를 찾는 일과 건축주를 설득하는 것이다. 아무리 의도가 좋은 창작물이라도 경제성이 배제되면 동의를 얻기 힘들다. 그래서 기술과 경제성에 대해 현장과 긴밀하게 상의해야 한다. 타설 시 측압을 견디는 거푸집, 재료, 기술적인 문제, 해체 후 재사용 방법 등을 논의한다. 이 부분은 건설사의 경험과 장인정신에 기댈 수밖에 없다. 대부분의 건축가들이 이 문제로 극심한 좌절감을 맛보곤 한다. 지금은 콘크리트로 구현된 결과물에 매료돼서 사무실을 찾는 클라이언트가 많아졌고, 건축의 내외부는 물론 조경 공간까지 그 사용 범위를 넓히고 있다.

감 단열에 대한 노하우에 대해 자세히 설명해 달라.

곽 결론부터 말하자면, 다른 설계사무소보다 탁월한 묘수는 없다. 다만, 단열 두께를 확보하고 내외 단열재를 중복 사용하는 방법으로 콘크리트의 단점을 보완한다. 이중 바닥을 만들어 공기층을 확보하는 것도 중요한 요소 중 하나다. 하지만 금속으로 제작되는 창호는 다르다. 금속 자체의 열전도율은 콘크리트의 100배 이상 차이가 나기 때문이다. 대부분 건물은 기밀성을 의식해서 비싼 금속 창호를 사용하지만 내외부 온도 차가 심한 계절엔 무용지물이다. 일반 창호도 훌륭하게 기능을 한다. 결국 현명한 대처법은 설계자가 추후 발생할 수 있는 문제를 점검해서 환기, 채광 면적, 창호 디테일 등을 조정하는 것이다. 그리고 창호와 외기에 접한 중간 영역에 빛과 바람, 온도 등을 제어하는 중성적인

유 리트리트는 사선의 캔틸레버가 하부의 벽과 비틀어지게
연결되면서 콘크리트 특유의 덩어리감과는 상반되는
가벼운 느낌을 준다.

공간을 배치하는 것도 건축적 해결 방법이다.

갑 최근 친환경에 대한 관심이 높아지고 있다. 인체에 해가 적다는 '친환경'의 의미와 에너지와 자원
절약이라는 의미에서의 '친환경' 두 가지 관점에서 물어보고자 한다.

곽 인간의 관점에서 보면, 자연은 사랑의 대상이고 보호의 대상이다. 그러나 자연은 말 그대로 사람의
손이 더해지지 않고 스스로 존재한다. 친환경이라는 말의 사전적 의미는 "자연환경을 오염시키거나
파괴하지 않고 자연 그대로의 환경과 잘 어울리는 것"이다. 이 말대로라면 건축하지 않는 것이
답이다. 환경을 자연이라고 한다면 어떤 관점으로 볼 것인가가 중요하다. 자연과 인간은 결코 '절친'이
아니다. 자연은 공포의 대상이고 건축은 자연으로부터 끊임없이 울타리 치는 작업이다. 인류의 역사는
자연으로부터 자신을 보호하려는 토목의 역사라고 해도 과언이 아니다. 예를 들어 위험한 경사지에
축대를 대는 행위는 위험한 자연 상태의 붕괴를 막고자 하는 인류의 생존 대안이다. 그런 의미에서
건축을 '임플란트(implant)'의 의미로 보면 어떨까? 우리도 인체의 조직이 상실되었을 때 인공 대체물을
이식하지 않는가. 자연을 몸에 비유하자면 상실된 자연 조직에는 반드시 인공 보정물을 채워넣어 제
기능을 할 수 있게 한다. 그러나 보정이 제대로 이루어지지 않았을 때 이것은 또 다른 재앙이다. 우리가
제대로 된 건축을 깊이 숙고하고 고민해야 하는 지점은 노화된 자연을 살펴 보완하려 하지 않는 인간의
무관심으로부터 찾아야 한다.

갑 에너지 절약이라는 관점에서 최근 관공서나 대형 공공프로젝트는 노출콘크리트를 지양하는 추세다.

곽 이 문제는 지역 환경을 고려하지 않는 건축 관행에서 원인을 찾아야 한다. 전 국토의 기온은 도시와
산간, 강우량과 지형 조건에 따라 달라진다. 최근 환경문제가 되고 있는 열섬현상과 미세먼지 문제
또한 건축의 외기 온도에 영향을 미친다. 건축은 각기 다른 환경에서 착상되고 적응하기 마련이다.
그러나 많은 경우, 이러한 요소는 설계경기로 진행되는 관공서의 평가 기준이 되지 못한다. 이렇게
보면 막연하게 콘크리트와 유리의 사용 여부가 에너지 낭비라는 단순한 등식이 성립된다. 만약 이것이
건축을 결정하는 결정적 단서라면 수많은 건축의 가능성은 사라진다. 북유럽은 과다한 적설량과
낮은 기온 탓에 가파른 경사지붕의 집을 짓고 창의 면적을 최소화한다. 혹여 개인의 건축적 기호만을
고려하여 열대지역에 북유럽 스타일의 건물을 짓는다면 열 때문에 죽을 것이다. 결국 지역적 조건이
배제된 관공서 건축을 국제적 스타일과 경제 논리로만 따진다면 도시와 건축의 핵심에서 벗어난 논쟁이
된다. 관공서의 에너지 절약은 지역에 맞는 조경을 심고 창호의 종류와 크기 그리고 기온 차에 대응할
수 있는 건축적 대안에서 찾아야 한다. 건축의 주체는 사용자이고 사용자는 미세한 공간의 차이와
질감에도 민감하게 반응하는 인간임을 잊지 말아야 한다. 건축은 이들의 다양한 요구와 삶을 담는
그릇이다.

갑 현장에서 콘크리트를 사용할 때 인근 대리점에서 일률적으로 보내주는 동일한 품질의 레미콘을
사용해야 한다. 현장에서 품질의 문제를 어떻게 조율하나?

곽 물론 콘크리트의 강도, 품질을 유지하기 위한 레미콘의 빠른 조달도 중요하지만, 빈틈없이 시공하기
위해 현장 관리나 인원 배치 등이 중요하다. 거푸집 설치까지 지난한 시간을 거쳤다면, 콘크리트 타설
과정은 거의 찰나에 가깝다. 그래서 현장 요원뿐 아니라 직원들까지 달라붙어 작업에 참여한다. 마치
어떤 의식과 유사한 이 작업은 그래서 항상 장관이다. 양생 과정을 마치고 형태가 완성되면 공극이
발생하거나 오염된 표면을 갈아내고 보수한다. 노출콘크리트임을 고려하면 양생된 날것의 상태가 주는
생동감이 있지만 구두에 구두약을 바르는 행위가 내구성을 위한 것인지, 멋내기 위한 것인지에 대한
고민이 있다. 결국 건축의 목적에 따라 보수의 강도를 조절하고 발수제와 같은 도막을 입힌다. 이후
품질 관리는 클라이언트의 몫이다. 우리 사무실의 매뉴얼에 따르면 주기적으로 물청소를 하고 발수제를
바르게 되어 있다. 건축물의 오염은 도시의 공기 오염도와 연관되고 클라이언트의 관리 능력에 따라
많은 차이를 보인다. 다만, 겨울에 새파란 인공잔디가 어색한 것처럼 시간에 따라 건축에 쌓인 시간의
흔적을 오염으로 인식하지 않기를 바란다.

신천리 주택(2013)은 건물을 비틀어 각 실을 바라보면서
주변의 자연을 감상할 수 있도록 한다. 비틀린 건물의
일부는 공중에 떠 있는 듯 보인다.

갑 다양한 콘크리트의 재료와 구법이 개발되고 있는데, 콘크리트의 미래와 건축가로서 대응은?

곽 만들어내고 구축하기 위한 재료로서 콘크리트와 유사한 기능의 재료가 있다면 분명 희소식일 것이다. 3D 프린터도 마찬가지다. 그러나 그 외의 이유, 예를 들면 공기 단축과 같이 구축 외에 다른 이유라면 나에겐 중요하지 않다. ALC, GFRC, 프리캐스트 등과 같은 재료와 공법도 충분히 지지하고 있다. 그런 공법에 적합한 목적의 공간도 있을 것이고 건축가의 성향과 수준에 맞는 건축 언어와 문법을 가지고 있다면 그것을 지켜나가는 것 또한 중요하다. 그러나 단순히 대량생산을 위한 목적이라면 관심없다. 단, 독창적인 것을 대량생산하는 것은 흥미롭다. 독창적이라는 말 안에는 유일함의 의미도 포함되어 있어 쉽진 않다. 특별함에는 투자와 비용이라는 경제적 의미도 숨어 있다. 세상에 싸고 좋은 것은 없다고 생각한다. 이런 것들은 미래가치와는 전혀 무관하다.

정리 박지일 에디터

기장 웨이브온(Gijang Waveon)

설계	곽희수
위치	부산광역시 기장군 장안읍 월내리
대지면적	1,381.53m²
연면적	497.33m²
규모	지상 3층
구조	철근콘크리트
마감	노출콘크리트
완공	2016년 12월
사진	김재윤

신천리 주택 (Sincheon-ri House)

설계	곽희수
위치	경기도 가평군 설악면 신천리
대지면적	1,250m²
연면적	1,021.17m²
규모	지상 3층, 지하 1층
구조	철골철근콘크리트
마감	노출콘크리트
완공	2013년 12월
사진	윤준환

유 리트리트(Uretreat)

설계	곽희수
위치	강원도 홍천군 서면 대곡리
대지면적	4,929.00m²
연면적	1,595.29m²
규모	지상 2층
구조	철근콘크리트
마감	노출콘크리트
완공	2016년 4월
사진	김재윤

가까운 교회 (The closest church)

설계	곽희수
위치	경기도 김포시 운양동
대지면적	929.3m²
연면적	2,328.67m²
규모	지상 7층, 지하 1층
구조	철골철근콘크리트
마감	노출콘크리트
완공	2015년 3월
사진	신경섭

가까운 교회(2015)는 구조와 마감을 동시에
수행하는 콘크리트만의 재료적 특성을 이용해
큰 공간들을 공중에 띄워 내, 외부에 생동감 있는
공간을 만든다.

타원형 타공 타설 과정 기장 웨이브온

기장 웨이브온에서 가장 눈길을 끄는 건 단연 타원
형태의 타공이다. 이것을 어떻게 시공했을까?
콘크리트는 거푸집의 모양에 따라 자유롭게 성형할 수
있다. 그러므로 거푸집의 형태를 만들어 타설하는 게
중요하다. 이 거푸집의 제작과 설치 그리고 해체 과정에
대해 자세히 알아보자

준비

우선 콘크리트를 타설할 때의 압력을 견딜 수 있는 지름 600㎜의 원통 부재를 결정해야 했다. VG1 PVC 파이프와 VG2 PVC 파이프는 각각 최대 규격이 300, 400㎜로 필요한 크기에 미치지 못했다. 기성품인 THP(T-type High-density Pipe)관은 콘크리트의 압력을 견디기 힘들었고, 관통되는 내부의 마감 면이 설계 의도와 맞지 않았다. 최종엔 중량물 구조용 강관을 이용해 제작하기로 결정했다. 부재를 선택한 후에는 어떻게 거푸집을 제작하고 설치할지, 그리고 콘크리트를 타설한 후에 어떻게 해체하고 다시 사용할지 고민해야 했다.

원형 거푸집 제작

먼저 PVC 파이프로 축소 모형을 제작하여 예상되는 문제점을 시공사와 협의했다. 도면을 토대로 미리 타설 위치를 레이저로 표시한 후 강관을 가공한다. 거푸집을 쉽게 해체하기 위해 틈이 필요했다. 거푸집을 소량 절개하고 턴버클로 고정하니 30㎜정도 조절할 수 있는 여유가 생겼다. 절개된 부위로 콘크리트가 흘러 들어가는 것을 막기 위해 각재를 대고 테이프로 고정한다. 또한 절개하기 전에 앵글 플레이트를 용접하고 볼트로 고정해 절개 부위가 탄성으로 인해 벌어지지 않도록 한다.

거푸집 설치

내외벽 거푸집은 외부에서 내부 순서로 설치한다. 한쪽 면에 외부 거푸집을 설치한 후 흰색 먹줄로 원형 거푸집을 설치할 위치를 표시한다. 제작한 원형 거푸집은 이동식 크레인으로 운반하고 체인블록으로 경사각도를 고정해 표시한 위치에 설치한다. 타이 볼트로 수직재 가설 강관 파이프에 용접하여 고정한 뒤 철근을 배근하고, 이후 내벽 거푸집도 같은 방법으로 설치한다.

거푸집 해체

내외벽의 거푸집을 해체한 후에 원형 거푸집을 해체한다. 우선 유격 부위의 각재를 분리해 30㎜의 공간을 확보한다. 교차된 턴버클을 조여 거푸집의 단면적이 줄어들면 반대쪽 지지대에서 체인블록으로 잡아당겨 해체한다. 거푸집을 탈형한 후에는 콘크리트의 파손 부위를 보수하여 표면을 정리한다. 해체한 거푸집은 폐기하는 대신 조형물이나 천정 또는 벽체의 설치미술로 만들어 재활용하는 방안을 검토하였다.

Interview 2
콘크리트,
대량생산과 수공업 사이

인터뷰
심영규 에디터

더 시스템랩의 김찬중은 한강 나들목
프로젝트(2009)에서 강화 플라스틱으로
자유로운 입면과 모듈의 반복을 사용해
다양한 디자인의 가능성을 보여줬다.
이후 신사동의 폴 스미스 플래그십
스토어(2011)와 연희동 갤러리(2009)와
를 통해 조형성이 강한 콘크리트 건물을
선보였고, 자유로운 모듈 형태의 입면을
반복해 만든 한남동 핸즈코퍼레이션
사옥(2014)과 현재 시공 중인 하나은행
삼성동 별관 리모델링(2017)을 통해 새로운
콘크리트 재료와 디자인의 가능성을
실험하고 있다. 그의 사무실에서 오래된
건축 재료인 콘크리트를 새롭게 사용한
작업에 대한 흥미진진한 이야기를 들을 수
있었다.

김찬중
(더 시스템랩 대표)

고려대학교 건축공학과를 졸업하고
스위스 연방공과대학에서 공부하였으며
미국 하버드대학에서 건축학 석사학위를
취득하였다. 서울의 한올 건축과
케임브리지의 Chan Krieger Associates,
그리고 보스톤의 KSWA에서 실무를 쌓았다.
귀국 후 현재까지 경희대 건축대학원의
설계전공 초빙 교수로 재직하면서 더
시스템랩(THE_SYSTEM LAB)의 대표로
활동하고 있다. 대표작으로는 폴 스미스
플래그십 스토어, 래미안 갤러리, SK
행복나눔재단 사옥, 한남동핸즈 코퍼레이션
사옥, 구름에 리조트, 미래융합디자인센터,
현대어린이책미술관(MOKA), 경기도지사
관사 등이 있다.

배병우 창작예술촌(2017)은 내외부를
송판노출로 거칠게 마감하여 시골마을의
푸근하고 투박한 느낌을 더한다.

KED 하나은행 삼성동 별관 리모델링(2017)은 외부의 모듈
거푸집을 직접 짜서 프리캐스트 방식으로 조립했다.

갑씨(갑) 더 시스템랩은 그간 한남동 핸즈코퍼레이션 사옥이나 신사동 폴 스미스 플래그십 스토어같이 콘크리트 파사드를 사용한 역동적인 디자인을 선보였다. 현재 진행 중인 KEB 하나은행 삼성동 별관 리모델링은 대규모로, 지금까지 결과물의 정수 같다.

김찬중(김) 하나은행별관 리모델링은 많은 시행착오를 거쳤다. 특히 가장 중요한 입면을 이루는 모듈의 모든 면이 3차원 곡면이기 때문에 재료를 선택하는데 많은 실험을 했다. 처음에는 GFRC(Glass Fiber Reinforced Concrete)를 사용하려 했다. GFRC는 가볍고 성형하기 쉽다. 하지만 아직 압축력, 인장력 등 구조적 성능에 필수적인 객관적 자료가 없다. 여러 후보를 거쳐 결국 최종 선택한 재료는 UHPC(Ultra High Performance Concrete)다. 원래 UHPC는 프랑스에서 개발된 재료로 고가다. 현재 국내에서 사용하는 제품은 많은 실험을 거쳐 기존보다 더 높은 강도로 단가를 낮춘 제품이다. 토목에선 이미 여러 차례 사용했고 건축에선 원자로의 케이싱(casing)이나 최근 준공한 롯데월드타워의 코어 상부에 일부 사용했지만 건축분야는 시작 단계다. 그럼에도 UHPC를 선택한 것은 두께를 줄이기 위해서다. 모듈의 초기 두께는 60㎜였고 최종적으로는 철근을 넣지 않고 80㎜로 시공했다.

갑 콘크리트 고유의 투박한 질감을 있는 그대로 사용하기도 하고 플라스틱같이 흰색의 매끈한 질감을 살리는 등 다양한 방법으로 활용했다.

김 주변 환경에 따라 마감을 결정한다. 전남 순천에 있는 배병우 작가의 레지던시는 송판노출을 사용해 콘크리트 고유의 투박한 질감을 더 거칠게 만들었다. 주변의 농촌 마을 풍경과 잘 어울리게 푸근한 느낌을 주려고 했다. 처음 보는 사람들은 신축건물이 맞느냐는 질문도 하지만 이 건물은 20년 뒤에도 지금의 질감을 그대로 갖고 있을 것이다. 반면 빛에 의한 대비와 형태의 깊이감을 강조하고 싶을 땐 흰색으로 코팅하는 경우도 많다. 하나은행 별관 역시 흰색으로 칠했다. 도장재를 찾는게 힘들었다. UHPC는 강도가 높아 갈아내는 후가공도 어렵고 색칠도 잘 안된다. 유리에 페인트칠이 안되는 것과 비슷하다. 표면이 거칠어야 도장이 쉬운데 UHPC는 틈이 없어 특수도장이 아니면 불가능하다. 페인트 회사와 많은 실험을 거쳐 우레탄과 에폭시를 혼합한 본드 계열의 재료를 개발했다.

갑 그렇다면 건축재료로서 콘크리트가 가진 매력은 무엇인가?

김 우리는 다양한 방식으로 콘크리트를 사용하고 있다. 목재와 플라스틱, 철재 등은 시간과 비용을 절약하기 위해 사전에 공장에서 생산할 방법을 찾는 데 관심이 있었다. 반면 콘크리트는 성형이 주는 매력이 있다. 건축가는 본능적으로 구조와 형태, 공간을 한꺼번에 디자인할 수 있는 재료에 대한 열망이나 지향이 있다. 콘크리트는 이에 딱 맞는 재료다.

갑 남들이 가지 않는 새로운 길을 가는 건 어려운 일이다. 이 중에서 특히 더 어려웠던 점은?

김 먼저 공학적 성능을 인증하는 일이었다. 하나은행 별관엔 약 350개의 모듈이 들어간다. 하나의 모듈은 약 4.2×2m, 두께 80㎜, 무게는 약 2t 정도다. 층간 높이가 각각 다르고 모서리가 있어 총 6개의

핸즈코퍼레이션 사옥(2014)은 모듈화하여 제작한 거푸집을 이용해 입체감 있는 건축물을 표현했다. 흰 도장은 콘크리트 특유의 덩어리감에 세련되면서도 가벼운 느낌을 더한다.

타입으로 구분한다. 각각의 모듈은 철제 부품을 이용해 건물 바닥 슬래브에 걸어 매는 방식으로
설치했다. 전례가 없는 방식이기도 했고, 모든 면이 3차원인 성형체를 배근 없이 만들었기 때문에
제작부터 시공까지 모든 부분에서 객관적 데이터로 증명해야 했다. UHPC는 일반적인 콘크리트와
다르므로 배합비에 따라서 성질이 민감하게 반응한다. 따라서 배합비가 완벽히 설계수치 안에
들어오는지도 테스트해야 했다. 하지만 인발 강도, 인장, 내화성 등 성능에 대한 종합적인 판단을 할
수 있는 기관이 없었고 결국 모든 항목을 나눠 각 연구소에서 일일이 확인했다. 성형 자체에도 많은
어려움이 있었다. 4.2㎡가 넘는 성형틀은 콘크리트가 굳는 과정에서 생기는 열로 변형이 생길 수 있다.
이를 막기 위해 거푸집을 새로 개발했다. 표면은 FRP, 모서리는 철재를 사용한 병합형 몰드다. 표면에는
미세한 변형이 생길 수 있으나 모듈이 맞닿는 부분은 변형이 생기지 않는다.

이런 어려운 과정을 통해 얻은 것도 많다. 수차례 시행착오를 겪고 나니 노하우가 생겨 본격적으로
건물에 적용할 수 있게 됐다. 울릉도 리조트는 철골을 사용하지 않은 채 건물 전체에 UHPC를 사용한
경우다. 지금은 거푸집을 여러 공장에서 제작하고 현장에서 조립해 단면이나 곡률, 치수를 맞추는 일에
집중하고 있다. 이 시행착오를 겪고 나면 UHPC를 더 다양하게 활용할 수 있다.

갑 울릉도 리조트에 대해 구체적으로 말해달라.

김 섬이라 물류비가 많이 들어 프리캐스트가 효율적이고, 바다를 마주 보는 벼랑 끝에 있기 때문에
부식되지 않는 내염성도 중요하다. 그래서 UHPC를 선택했다. 특히 이 프로젝트는 단열재를 함께
넣어 일괄 타설했다. 거푸집의 안과 밖이 있다면 안쪽에 단열 구간을 넣은 뒤 바깥쪽 거푸집에 타설을
해 단열체와 안쪽의 몰드를 일체화하고 바깥쪽 몰드만 탈형을 한다. 그렇게 되면 안쪽에 철재 몰드가
남게 되고, 이것이 실내 마감의 가이드 역할을 한다. 결국 가설철물이 구조체의 역할부터 건물의 내부
디자인까지 연장되는 것이다.

갑 콘크리트를 친환경적인 재료라고 하는데 어떻게 생각하는가?

김 콘크리트를 자연 친화적이라고 말할 수 없다. 파쇄해서 골재로 바꿔 재활용하는 것은 가능하지만,
인체엔 해롭다. 벽돌은 구워냈기 때문에 기공이 많아 숨을 쉰다. 반면 콘크리트는 기공이 적고 기공을
만들면 금이 갈 수 있어 위험하다. 콘크리트는 자연 상태에서 상당 시간 건조하여 수분을 완전히
빼낸 후에 마감을 해야 오랫동안 내구성을 유지할 수 있다. 하지만 국내에서는 콘크리트의 수분을 채
빼내지 않은 상태에서 도장이나 후처리 같은 마감을 하기 때문에 공기가 갇히고 결국 균열이 생긴다.
콘크리트는 화학첨가물이 들어가고 경화되는 과정에서 해로운 물질이 발생하기 때문에 친환경적이지
않지만 상당 기간 자연 환기하면 피해를 최소화할 수 있다. 그동안의 콘크리트는 안전한 거주환경을
위한 재료였다. 친환경적인 대안으로서는 더 많은 실험과 개발이 필요하다.

갑 콘크리트가 다양한 재료로 개발된다면 앞으로 건축이 더 다양해질 수 있다고 생각한다. 첨단
콘크리트를 사용한 건축의 미래에 대해 예측하는 바가 있나?

김 3D프린터와 같이 생산방식이 범용화되는 추세지만, 즉발적이고 창조적인 디자인에 대한 수요는
계속 늘어날 것이다. 건축도 마찬가지다. 대형 아파트에 프리캐스트 방식의 모듈을 이용해 기능적인
것에 초점을 맞추는 것도 중요하지만, 모듈을 어떻게 구성할지에 따라 건축가의 정체성이 드러날
것이다. 앞으로는 새로 개발된 재료에 대한 장단점을 파악하는 것이 중요하다. 현재의 콘크리트는
모서리나 코너, 문틀까지 섬세한 표현이 되지 않는다. UHPC는 그런 면에서 충분히 가능성 있는 재료다.
UHPC는 섬세하고 정교한 작업이다. 하지만 역으로 보면 그런 디테일을 디자인하면 섬세한 콘크리트를
뽑아낼 수 있다. 이 작업이 선례가 되면 다음은 쉽게 적용할 수 있다. 또 이것이 범용화되면 단가를
낮추는 방법에 대해 고민하게 될 것이다. 현재 콘크리트의 물성, 신재료 등 다양한 것들을 시험 중이다.
이것이 보편화되면 궁극적으로는 콘크리트는 다시 수공예적으로 가치 있는 재료가 될 것이다.

정리 정신오 에디터

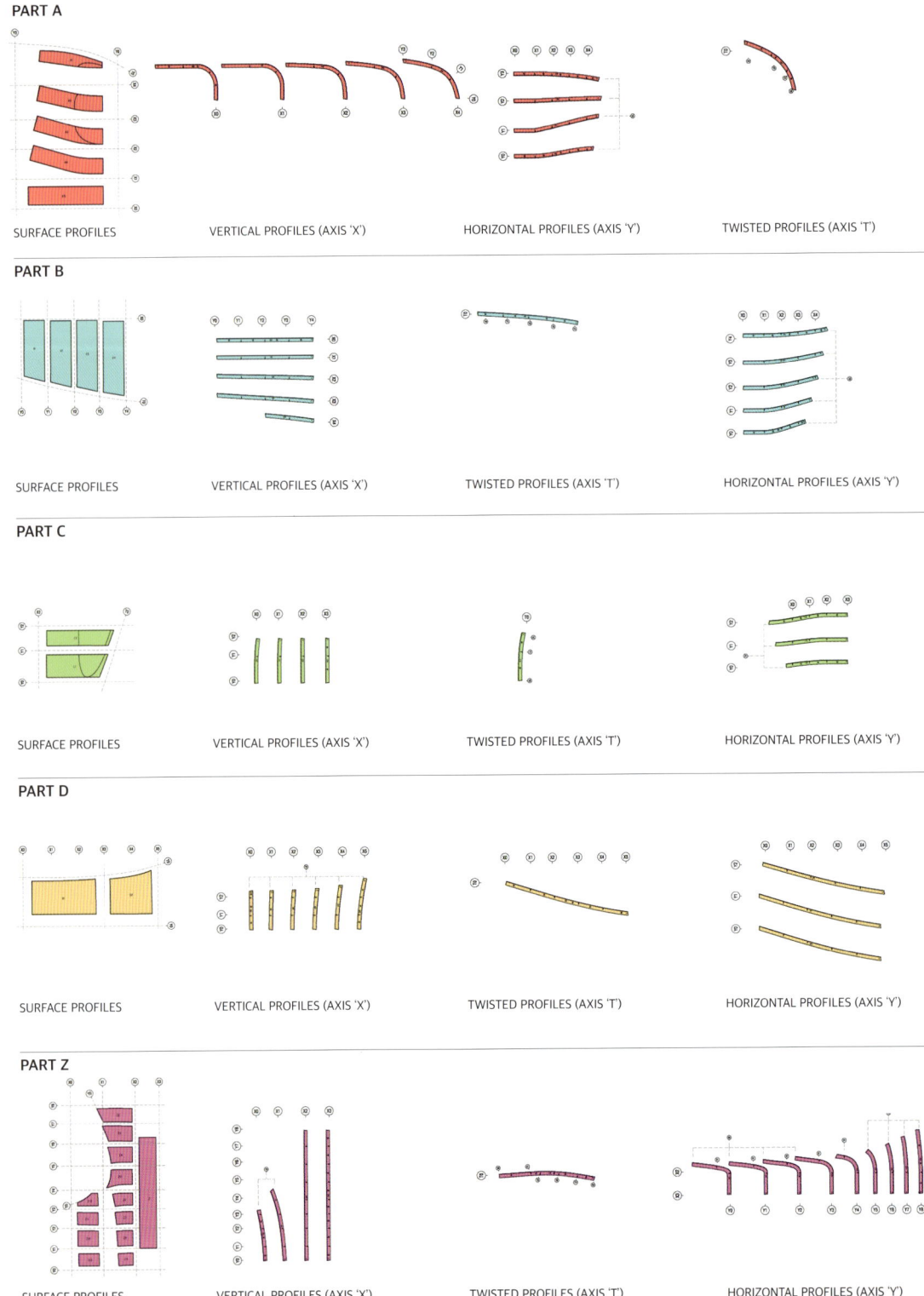

PART A

SURFACE PROFILES

VERTICAL PROFILES (AXIS 'X')

HORIZONTAL PROFILES (AXIS 'Y')

TWISTED PROFILES (AXIS 'T')

PART B

SURFACE PROFILES

VERTICAL PROFILES (AXIS 'X')

TWISTED PROFILES (AXIS 'T')

HORIZONTAL PROFILES (AXIS 'Y')

PART C

SURFACE PROFILES

VERTICAL PROFILES (AXIS 'X')

TWISTED PROFILES (AXIS 'T')

HORIZONTAL PROFILES (AXIS 'Y')

PART D

SURFACE PROFILES

VERTICAL PROFILES (AXIS 'X')

TWISTED PROFILES (AXIS 'T')

HORIZONTAL PROFILES (AXIS 'Y')

PART Z

SURFACE PROFILES

VERTICAL PROFILES (AXIS 'X')

TWISTED PROFILES (AXIS 'T')

HORIZONTAL PROFILES (AXIS 'Y')

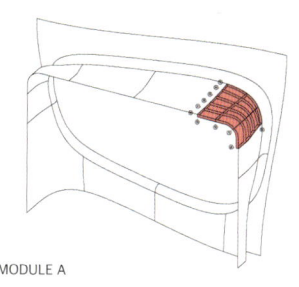

MODULE A

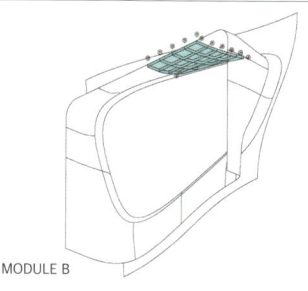

MODULE B

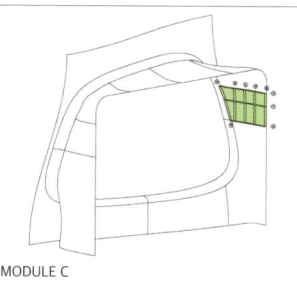

MODULE C

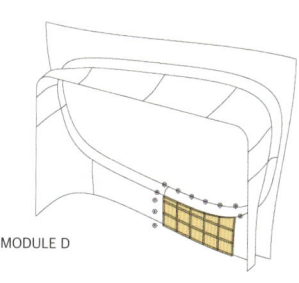

MODULE D

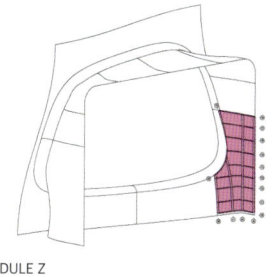

MODULE Z

핸즈코퍼레이션 사옥은 비정형의 형태를 주조하기 위해 각 구간을
모듈화하여 거푸집을 제작하였다.

배병우 창작예술촌

설계	김찬중
위치	전라남도 순천시 영동
대지면적	157.05㎡
연면적	168.144㎡
규모	지상 3층
구조	철근콘크리트
마감	노출콘크리트
완공	2017년 4월
사진	신경섭

핸즈코퍼레이션 사옥

설계	김찬중
위치	서울시 용산구 한남동
대지면적	433㎡
연면적	1,315.53㎡
규모	지상 5층, 지하 2층
구조	철근콘크리트
마감	콘크리트
완공	2014년 3월
사진	김용관

Interview 3
순수한 질감으로
콘크리트를 직조하다

인터뷰
심영규 에디터

신당동에 있는 HWN 사옥(2016)은
단독주택과 다세대건물이 밀집된 조용한
주택가에 개성 있는 얼굴을 빼꼼히 내밀고
있다. 이 사옥은 OBBA가 설계한 5층 건물로
3개의 다른 질감으로 마감했다. 마치 서로
다른 무늬의 노출콘크리트 상자 3개를 쌓은
것처럼 보이는데 1~2층은 OSB합판무늬,
3~4층은 깎아낸 콘크리트의 거친 면이
그대로 살아 있다. 5층은 일반적인
노출콘크리트 면이다. 현장에서 OBBA의
곽상준과 이소정을 만나 자세한 이야기를
들었다.

곽상준, 이소정
(OBBA 공동대표)
곽상준은 연세대학교 건축공학과를
졸업하고, 스페이스 연과 매스스터디스에서
실무 경험을 쌓았다. 이소정과 함께
OBBA를 설립했다. 현재 홍익대학교에 출강
중이다.
이소정은 이화여자대학교 환경디자인과와
펜실베이니아 대학교 건축대학원을
졸업했다. 이후 네덜란드의 OMA를 거쳐
한국으로 돌아와 매스스터디스에서 실무
경험을 쌓았다. 서울대학교, 홍익대학교에
출강한 바 있으며 현재는 연세대학교에
출강 중이다.

HWN 사옥(2016)은 빽빽한 건물들 사이에서 차분한 모습으로 도시의 복잡함을 가라앉힌다.

콘크리트 처리 방식에 따른 질감   HWN 사옥

하나의 재료가 가공을 통해 다양한 표정이 나오는
청바지처럼, 콘크리트를 다른 방식으로 처리해 다른
모습을 만들었다.

위쪽부터 노출콘크리트, 깎아내기(chipping), OSB합판
마감모습이다. 같은 콘크리트에 다른 마감방식을 통해
콘크리트의 순수한 질감을 다양하게 보여준다.

감씨(감)　신당동 HWM사옥은 5층 건물에 세 가지 다른 질감의 노출콘크리트를 사용했다.

곽상준(곽)　건축주는 청바지 도매업을 하는 사업가다. 건물이 있는 신당동은 단독주택이나 다세대건물이 빽빽하게 모여있는 도심지의 전형적인 주거지다. 하지만 동대문 상가와 가까워 1인 기업이나 쇼핑몰, 오피스가 주거지 사이사이에 들어서 있다. 건축주는 사업을 확장하면서 쇼룸과 창고와 같은 공간이 필요했고, 기존에 다른 곳에 흩어져 있던 공간을 한데 모으고자 했다. 처음엔 사옥과 임대를 위한 주거가 혼합된 프로그램을 계획했다. 이후에 주거 공간은 없어지고 다른 사무실의 임대 공간으로 바뀌었다. 지하는 창고, 1~2층은 쇼룸 겸 메인 사무실 공간이고 3층은 임대 공간, 4층은 서브 브랜드 사무실, 5층과 옥상은 촬영 스튜디오다.

감　외장마감으로 노출콘크리트를 선택한 이유는 무엇인가.

이소정(이)　처음 사이트를 찾았을 때 주변에 서로 다른 재료, 다른 높이와 입면의 건물이 빽빽하게 들어서 있었다. 여기에 또 다른 재료와 입면의 건물이 들어서기보다 복잡함을 중화할 수 있는 건물이 들어서면 좋겠다고 생각했다. 콘크리트는 중성적인 재료다. 무채색의 색감과 고유의 질감 때문에 마치 화장기 없는 민얼굴이 주는 것과 같은 밋밋한 아름다움이 있다. 차분한 느낌의 콘크리트가 들떠있는 주변을 가라앉힐 수 있기를 바랐다.

감　보통 노출콘크리트에 변화를 주기 위해 색감 혹은 후처리 등의 방법을 쓰는데, 질감만으로 표현한 이유가 있나?

이　노출콘크리트로 결정한 후에는 어떻게 사용할지 고민했다. 우리는 건물의 중요한 모티브인 청바지의 이미지를 건물에 담고 싶었다. 청바지는 같은 원단을 쓰더라도 어떻게 처리하느냐에 따라 수많은 색감과 질감으로 달라진다. 하나의 재료가 가공을 통해 다양한 표정이 나오는 청바지처럼,

사람의 손이 닿는 1층 벽은 OSB합판으로 거푸집을 짜 콘크리트지만 나무의 결이 주는 감성을 전달한다.

HWN 사옥 옥상 벽의 틈 사이로 차분한 노출콘크리트와
대비되는 바쁜 도시의 모습이 보인다.

게단실은 층마다 빛이 들어오는 부분을 달리하여 같은
노출콘크리트지만 다른 느낌으로 다가온다.

콘크리트를 다른 방식으로 처리해 다른 모습을 만들었다. 건물의 입면은 복잡한 요철로 표정이 드러나기보다 차분한 표정으로 주변에 녹아들기 바랐다. 그래서 재료의 순수한 질감을 드러내는 것으로 세 가지 방법을 택했다. 가장 아랫부분은 너무 매끈하기보다 나무의 결이 주는 감성을 전달하고 싶었고, 또 너무 거칠면 사람이 만졌을 때 내구성에 문제가 있을 수 있다. 처음엔 청바지의 고유한 특성을 콘크리트에 적용하려고 했다. 청바지 원단의 질감과 주름을 담아보고 싶었다. 청바지 원단으로 거푸집을 짜는 방법도 고민했지만, 제약이 많았다. 직물을 거푸집으로 썼을 때, 콘크리트의 무게를 견디지 못하고 터져버리는 등 많은 문제점이 있었고, 주변의 건물과 좁은 도로로 둘러싸여 작업하기에 어려운 환경이었다. 결국 섬유의 질감 대신 목재인 OSB합판으로 결정했다.

갑 목재 중 특별히 OSB합판을 쓴 이유는?
곽 송판노출은 일반적으로 많이 쓰이는 방법이지만 하나하나의 결이 마치 얇은 쪽처럼 느껴진다. 반면 OSB는 덩어리감이 느껴진다. 패턴에 의해 잘게 쪼개져 보이기보다 하나의 덩어리로 읽혔으면 했다.
이 OSB는 중간의 거칠기를 표현했고 좀 더 거친 질감을 표현하기 위해 큰 골재를 사용하는 것도 생각했지만, 콘크리트 본래 재료는 바꾸지 않으면서 가공만 통해 표현하려고 깎아내기(chipping)를 사용했다. 역삼동 주택(2015)의 담장에 썼던 방식인데, 면삭기를 사용하고 싶었지만, 포크레인을 움직일 수 없는 높이였고, 주변 소음과 분진 등의 문제로 수압을 사용했다. 수압은 보통 오염물질을 제거하는 데 사용되는 방식인데, 수압의 강도에 따라 치핑의 느낌도 낼 수 있었다. 수압은 일반적으로 사례가 없어 어떤 느낌으로 나올지 예상하기가 어려웠다. 수압으로 분사하는 경우 거리, 강도, 시차, 노즐 크기, 거푸집에서 뗀 후에 양생 기간에 따라 질감이 조금씩 달라진다. 지하층 주차장 벽에 시험 삼아 몇 가지를 테스트한 후 원하는 결과가 나온 방법으로 시공했다.

갑 다른 프로젝트에서 콘크리트의 물성이나 시공법을 연구한 사례를 소개해달라.
곽 최근에 진행한 가평 단독 주택(2016)의 경우, 1층과 2층의 노출을 다르게 했는데, 2층은 각목을 이용해 루버 모양으로 콘크리트의 패턴을 만들었다. 요철과 골이 만들어내는 입체감이 드러난다. 가평 주택은 2층 규모로 아래는 송판노출콘크리트, 위는 각목으로 거푸집을 만들어 루버 같은 표현을 했다. 원래는 1층은 노출콘크리트로 루버 느낌을, 2층은 목재 루버를 이용해서 다른 재료로 같은 모습을 표현하고자 했으나 건축주가 공사 직전에 목재를 쓰지 않겠다고 결정해 한 층은 송판노출콘크리트로 변경했다.
이 서초동의 근생은 15층 규모로 기단부에 F&B, 상층부에 사무실이 있다. 기단부와 상층부를 콘크리트와 커튼월의 두 가지 재료로 나누어 표현해 완벽한 대비를 준다. 회색 안료를 넣은 컬러 콘크리트를 사용했다.

갑 컬러 콘크리트를 사용한 서초동 근생의 경우는 어떻게 진행했나?
곽 공장에서 미리 색을 섞으면 비용이 급격히 증가한다. 그래서 레미콘 차에 안료를 투입하고 일정 시간 레미콘을 돌려서 섞은 후 컬러 콘크리트를 만들었다. 도심지에서는 레미콘이 대기할 공간도 없다. 1층을 시공했을 때에는 물량이 많아서 레미콘 공장도 여러 곳을 써야 했다. 그런데 공장마다 배합비가 달라서 세심한 부분까지 조율해야 했다.
이 레미콘 차를 색깔로 물들이면 그걸 다시 청소해야 다음 사용이 가능한데 그런 것에 대한 요건도 고려해야 했다.

갑 콘크리트의 매력은 무엇인가?
곽 원하는 모든 형태로 성형할 수 있다는 점과 콘크리트 고유의 색감을 들 수 있다. 특히 노출콘크리트의 색감은 주변의 배경이 되면서 캔버스와 같은 역할을 한다. 주변의 그림자가 가장 잘 녹아든다.
이 도심지에서 모든 건물이 "나 좀 바라봐" 하면서 튀는 모습인데, 노출콘크리트는 무뚝뚝하지만,

가평 단독 주택은 아래는 송판노출콘크리트, 위는
각목으로 거푸집을 만들어 루버 같은 표현을 했다.

존재감을 드러내는 묘한 느낌이다. 최근엔 건축뿐 아니라 내부의 소품이나 가구도 콘크리트로 만든다. 구조와 마감에서 그리고 내부의 소품까지, 모든 것을 콘크리트만으로 구성할 수 있는 매력이 있다. 또한 역설적으로 사용하기 어려우므로 더 매력적이다. 일반적으로 마감 단계에서 한 번 더 수정하거나 보완할 수 있는데 콘크리트는 구조재가 바로 마감이 되므로 수정하기 어렵다.

곽 거푸집을 뜯기 전에는 어떤 모습인지 알 수 없다. 도자기를 예로 들자면, 가마에 들어가기 전까지 계속 주의를 기울여 관리해도 가마에 들어가서 어떻게 될지 모른다. 그래서 가마에 들어가 있는 중에도 가슴을 졸인다. 콘크리트도 같은 느낌이다. 거푸집을 뗄 때까지 어떻게 나올지 알 수 없는 결과를 기다리는 두근거림이 있다.

감 콘크리트에 대한 연구나 사례가 많은 편이다. 하지만 이렇게 다른 방법을 시도하는 것은 도전과 같은데 어려운 부분과 아쉬운 점이 있을 것이다.

곽 노출콘크리트로 작업해보니 현장 상황까지 철저하게 고려해 설계해야 한다는 걸 깨달았다. 현장에서 레미콘 공장의 위치가 적합한지, 작업 공구를 펼칠 공간이 없는 도심지에서 작업 공간이 충분한지 등 많은 상황을 고려해야 한다.

이 특히 도심선 여의치 않은 부분이 많았다. 레미콘 차가 끊이지 않고 들어와야 하는데, 차가 막히거나 주차 공간이 없어 제때 못 온다면 낭패가 될 수 있다. 컬러 콘크리트를 쓰는 경우도 어려움이 많다. 시료를 받을 때와 다르게 실제 현장에서는 컨디션이 같게 유지되기 쉽지 않다. 그리고 레미콘 공장에서 하나의 색으로 진행하려고 하면, 그 색에 맞추어 모든 공정을 다시 짜야하기 때문에 비용이 급격히 증가한다. 레미콘 공장에 여러 유형이 있다면 다양한 시도를 해보겠지만, 유형도 한정돼 있다. 다른 방법을 시도하면 비용으로 직결된다. 그리고 노출콘크리트 건물의 경우 콘크리트를 구조체로만 쓰는 일반적인 건물의 거푸집과 다르다.

감 끝으로 콘크리트에 관해 하고 싶은 이야기가 있다면.

이 도전을 불러일으키는 재료다. 콘크리트는 하면 할수록 어렵다. 약품, 철근 배근 등 재료에 대한 것뿐 아니라 현장의 변수가 늘 있는 상황에서 수정이 힘들기 때문에 모든 걸 정확하게 계산해야 한다. 그런데도 현장에서는 언제나 수많은 변경과 오차가 생기는데, 그때마다 맞추어 바꾸기가 굉장히 어렵다. 그래서 더더욱 어려운 재료다.

정리 정경화 에디터

서초동 근린생활시설(THE ILLUSION)	
설계	곽상준, 이소정
위치	서울시 서초구 서초동
대지면적	663.7㎡
연면적	6,641.53㎡
규모	지상 15층, 지하 3층
구조	철근콘크리트
마감	노출콘크리트, 커튼월
완공	2017년 11월

신당동 근린생활시설(HWN HQ)	
설계	곽상준, 이소정
위치	서울시 중구 신당동
대지면적	435㎡
연면적	1,458.16㎡
규모	지상 5층, 지하 2층
구조	철근콘크리트
마감	노출콘크리트
완공	2016년 12월
사진	김재윤

가평 단독주택(THE FADE)	
설계	곽상준, 이소정
위치	경기도 가평군 가평읍
대지면적	876㎡
연면적	330.14㎡
규모	지상 1층, 지하 1층
구조	철근콘크리트
마감	노출콘크리트
완공	2016년 12월
사진	신경섭

Interview 4
콘크리트 타설의 한계를 끌어올리다

인터뷰
심영규 에디터

경기도 이천에 있는 지층집(Stratum House)은 콘크리트의 색과 골재비율, 퍼짐정도를 달리하여 한 층씩 켜켜이 쌓은 집이다. 2층 규모에 총 21개의 서로 다른 성질의 콘크리트 층이 쌓여있는데 공업화된 공정과 규격화된 배합으로 작업하는 일반적인 노출콘크리트 건물과 달리 순수한 재료의 가능성을 새로운 방법으로 시도했다. 성수동 사무실에서 stpmj 이승택을 만나 프로젝트에 대해 아쉬운 부분과 어려웠던 점에 대한 뒷이야기를 들었다.

이승택
(stpmj 공동대표)
이승택은 고려대학교에서 건축공학 학사와 석사를 받고 하버드대학교에서 건축학 석사를 취득하였다. 2009년 하버드대학교에서 건축학부 디자인상 수상자로, 그리고 같은 해 SOM 도시건축 여행 장학생 최종후보에 선정되었다. stpmj를 설립하기 전에 뉴욕의 엔아키텍츠와 레벤베츠, 스위스 바젤의 헤르조그 드 뫼롱, 그리고 서울의 시스템랩에서 실무를 익혔다. 현재 stpmj의 서울디렉터를 맡고 있으며 국민대학교 겸임교수로 출강 중이다.

경기도 이천의 지층집(2017)은 벽돌을 쌓듯
콘크리트를 다른 색으로 층층이 쌓아올린
주택이다.

콘크리트의 색상, 골재 크기, 슬럼프로 기준을 정하고,
매일 조금씩 값을 달리하여 한 켜씩 쌓았다.

감씨(감) 프로젝트의 이름이 '지층집'이다. 이름처럼 콘크리트가 다른 색으로 층층이 쌓여 있는 모습이 인상적인데 이 아이디어는 어떻게 나오게 되었나?

이승택(이) 건축주는 레미콘 회사의 임원을 하고 은퇴했다. 노출콘크리트에 대한 호감이 있었고 매끈한 노출콘크리트의 마감을 원했다. 하지만 비용 문제로 거절했다. 다른 방법을 찾던 중 제안받은 것이 벽돌이었다. 벽돌과 콘크리트는 시공 방식이 다르다. 성격이 다른 둘 사이에서 고민하던 중 벽돌처럼 보이는 콘크리트가 떠올랐다. 콘크리트는 주로 철근을 배근하고, 거푸집을 설치하여 일체형으로 타설하는 한 가지 방식으로만 시공하는데 이를 벽돌 쌓듯 적층해보는 것은 어떨까 하고 생각했다. 콘크리트를 적층식으로 쌓게 되면 전단력 때문에 문제가 생길 수 있었다. 미국의 구조사무소로부터 2층 정도의 규모에서는 문제없다는 답변을 들은 후에 본격적으로 진행했다. 레미콘의 기본 스펙인 슬럼프, 색상, 골재 크기로 세 가지 기준을 정하고, 매일 조금씩 값을 달리하여 한 켜씩 쌓기로 했다.

감 각각의 변화 요인인 세 가지에 대해서 구체적으로 설명한다면?

이 총 2개 층에 21개의 다른 레이어가 있다. 무작위처럼 보이지만 단계가 있다. 색상은 다섯 가지 밝기다. 인접한 층의 색상은 적어도 2단계 이상 차이가 나도록 했다. 골재 사이즈는 3단계, 슬럼프는 12, 15, 18㎝의 3단계로 정했다. 슬럼프는 오르락내리락하는 지형을 만들어내기 위한 의도였다. 슬럼프가 높을수록 표면이 흘러내린다.

감 생각했던 것처럼 결과가 잘 나왔나?

이 우선 색상이 의도했던 것만큼 분명하게 나오지 않았고, 골재도 예상만큼 마감 면에 드러나지 않아 아쉽다. 골재는 콘크리트가 굳기 전에 이리저리 움직이다 보니 굳은 후에 보면 잘 안 보이는 곳도 있었다. 전체 면을 갈아내서 서로 다른 크기의 골재를 드러내고 싶었지만 그러지 못했다. 콘크리트는 원래 회색이라 검은 안료를 넣어 어둡게 하는 것보다 흰색 안료를 넣어서 밝게 하는 것이 훨씬 어렵다. 이번 프로젝트를 통해 직접 경험하면서 처음 알았다.

감 콘크리트를 쓰면서 가장 어렵고 힘들었던 점이 있다면?

이 레미콘 특성상 현장에서 색을 내고 우리의 결정을 기다렸다가 타설하는 것이 불가능했다. 그래서 안료의 양을 조절하면서 그중 한두 가지 타입만 현장에서 직접 실험하고, 나머지는 우리가 준 자료대로 공장에서 미리 조합해서 진행했다. 이렇듯 공정을 진행하는 과정에서 다른 프로젝트보다 건축가, 현장소장, 레미콘 업자 사이의 협업이 훨씬 긴밀해야 했다. 현장소장의 노력이 컸다. 사실 건축가의 영역이 현장에서 디자인이 그대로 잘 구현되는 것까지 보증하는 것은 아니다. 그건 현장의 영역으로 시공 업체에게 온전히 맡겨야 하는 부분이다. 대신 재료의 목업을 충분히 하여 결과치를 정확히 주고 정확한 결정을 하는 것이 건축가의 역할이라고 생각한다.

감 한 층당 레미콘이 얼마나 들어갔는지 궁금하다.

이 똑같은 높이로 보이고 싶지 않아 층마다 다르게 했다. 평균 1.5㎥ 정도다. 레미콘 트럭은 한 대당 6㎥의 레미콘이 실린다. 1㎥나 1.5㎥는 운반을 하지

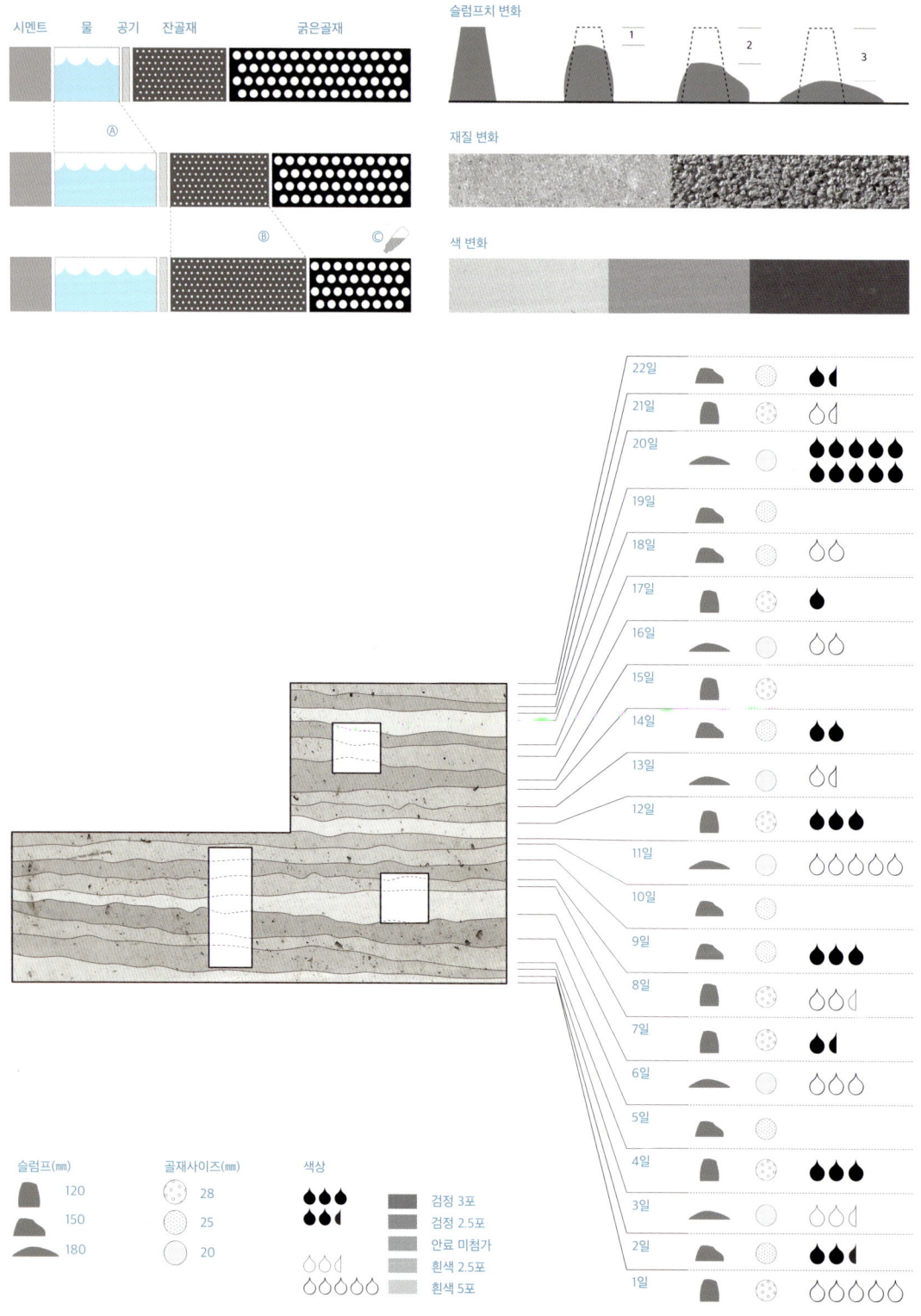

않기 때문에 반차(3㎥)가량을 주문해야 했다. 필요 이상의 양을 주문해서 안료를 배합하기도 어려웠고, 혼합 외의 양은 버림콘크리트로 사용하거나 못 쓸 때도 있었다.

갑 정확한 데이터, 효율성도 중요하다. 모두 다른 타입으로 하는 것보다 확실한 스펙으로 시공하는 것이 더 좋지 않았을까?

이 현장소장 역시 정량화된 값으로 패널을 만들어 세우는 것이 어떻겠냐는 말을 했다. 하지만 계량된 양으로 했다면 패널이 되었을 것이다. 얼룩말처럼 보였을지도 모른다. 색도 다르고 일일이 타설한 덕분에 초기에 계획했던 패턴을 만들 수 있었다. 앞서 언급한 대로 기준마다 계량된 수치로 단계를 나누어 놓았으므로 어느 정도 우리가 예상하는 패턴은 있었다. 시공할 때마다 들어가는 콘크리트의 양이 달라져 차이가 생기기는 했지만, 정확한 데이터를 뽑아내 그대로 시공했다면 그건 우연성을 보여주는 적층이 아니다. 그리고 스펙으로 만든다 해도 현장에서 그대로 나오는지 확신할 수 없다. 우리의 작업은 마치 가내수공업 같았다. 어디에다 더 가치를 두느냐의 차이인 것 같다.

갑 프로젝트의 기록을 잘 정리해둔다면 재료로서의 콘크리트의 사용에 대한 전반적인 인식의 발전과 다른 누군가가 시도하는 데에도 큰 도움이 될 것이다. 프로젝트를 통해서 배운 점이 있다면?

이 내단열에 대한 공부도 많이 했다. 노출콘크리트 건물은 중단열이나 내단열로 시공하는데 이 프로젝트는 한 층씩 쌓으면서 타설했기 때문에 내단열을 해야 했다. 내단열은 열교 현상이나 결로 등 불리한 점이 많다. 그래서 벽과 바닥의 접합 부위나 벽체 시스템을 어떻게 처리할 것인지에 대해 많이 고민했다. 직접 모형을 만들어 보여지는 면의 단열을 확인하고 습기와 열이 새어나가지 않도록 더 신경 썼다. 내단열이지만 내부의 벽과 외부의 벽을 사실상 분리하여 공간을 두고 물이 침투하더라도 벽 사이의 공간을 통해 바닥으로 흘러나가게 했다. 내부 면적을 최대한 확보하고, 비용을 줄이기 위해 벽체 두께는 단열재를 포함해 약 370㎜ 정도로 가볍게 했다.

정리 정경화 에디터

지층집(Stratum House)	
설계	이승택, 임미정
위치	경기도 이천시 부발읍 대관리
대지면적	975㎡
연면적	208㎡
규모	지상 2층
구조	철근콘크리트
마감	노출콘크리트, 석고보드 위 도장
완공	2017년 4월
사진	김재윤

4

레미콘 업체 및 대리점 정보

현장 상황에 따라 다르지만, 일반적으로 레미콘은 공장에서 제조된 후 90분 이내(겨울은 120분)에 현장에서 타설까지 완료되어야 한다. 따라서 레미콘의 품질보다 공장에서 작업 현장까지의 거리가 제품을 선택하는 기본 요소가 된다. 부록에서는 레미콘을 제조하여 운반, 공급하는 전국 50여 곳의 레미콘 업체를 소개한다. 사전에 업체 위치를 파악하고 연락해 해당 현장의 작업이 가능한지 알아보고, 레미콘 공장이 1시간 동안 생산할 수 있는 기준출하량과 출하하는 믹스트럭의 대수를 기준으로 규모를 확인하여 공장을 선택할 수 있다.

기준출하량
레미콘의 재료를 계량해서 섞어주는 배치플랜트(batch plant)에서 1시간 동안 생산되는 레미콘의 양(m³)을 기준출하량이라고 한다. 여기에선 기준출하량(m³)×배치플랜트의 수(대)로 표시한다.

자료출처
레미콘공업협회(www.krmcia.or.kr) 모든 자료는 2017년 6월 기준, 한국레미콘공업협회의 웹페이지 업체 현황을 바탕으로 작성된다. 협회와 기업 홈페이지상 표기가 다른 경우, 홈페이지 정보를 우선으로 채택했다.

수도권

❼ 삼표 김포공장
❶ 유진 서서울공장
❽ 유진 동서울공장
❸ 아주 상암사업소
❷ 삼표 서부공장
㉑ 유진 서인천공장
❾ 쌍용 부천사업소
㉒ 아주 인천사업소
❿ 유진 강서공장
⓫ 유진 부천공장
㉒ 쌍용 영종도사업소
⓳ 유진 인천공장
❹ 아주 광명사업소
⓬ 한일시멘트 성남공장
⓲ 유진 송도공장
❻ 아주 광주사업소
❺ 쌍용 용인사업소
⓯ 아주 비봉사업소
⓰ 한일시멘트 화성공장
⓱ 아주 병점사업소
⓮ 삼표 여주공장
⓭ 삼표 안성공장

❶ 유진	서서울공장
주소	경기도 고양시 덕양구 통일로493번길 35
전화번호	031-966-9111
기준출하량	210×4
믹스트럭 대수	152

❷ 삼표	서부공장
주소	경기도 고양시 덕양구 도내동 625-5
전화번호	031-978-8705
기준출하량	270×2
믹스트럭 대수	100

❸ 아주	상암사업소
주소	경기도 고양시 덕양구 홍도로 111
전화번호	031-971-5111
기준출하량	270×3
믹스트럭 대수	100

❹ 아주	광명사업소
주소	경기도 광명시 금오로 707
전화번호	02-853-3161~4
기준출하량	210×2
믹스트럭 대수	70

❺ 쌍용   용인사업소

주소	경기도 광주시 오포읍 오포로 738-10
전화번호	031-766-0133
기준출하량	210×2
믹스트럭 대수	23

❻ 아주   광주사업소

주소	경기도 광주시 장지9길 14
전화번호	031-762-0856
기준출하량	210×2
믹스트럭 대수	63

❼ 삼표   김포공장

주소	경기도 김포시 월곶면 갈산리 20-6
전화번호	031-8049-2005~6
기준출하량	210×2
믹스트럭 대수	40

❽ 유진   동서울공장

주소	경기도 남양주시 진건읍 진관산단로 59번길 21
전화번호	031-527-6111
기준출하량	210×2
믹스트럭 대수	65

❾ 쌍용   부천사업소

주소	경기도 부천시 오정구 석천로 465
전화번호	032-677-4254
기준출하량	360×1 / 180×1
믹스트럭 대수	54

❿ 유진   강서공장

주소	경기도 부천시 오정구 오정로 189
전화번호	031-675-8111
기준출하량	210×2
믹스트럭 대수	65

⓫ 유진   부천공장

주소	경기도 부천시 오정구 석천로 457
전화번호	032-677-5111
기준출하량	210×2
믹스트럭 대수	65

⓬ 한일시멘트   성남공장

주소	경기도 성남시 중원구 둔촌대로 424
전화번호	031-743-2681~3
기준출하량	360×1/210×1
믹스트럭 대수	62

⓭ 삼표   안성공장

주소	경기도 안성시 양성면 양성로 161
전화번호	031-8052-0001
기준출하량	210×1
믹스트럭 대수	30

⓮ 삼표   여주공장

주소	경기도 여주시 능서면 중부대로 2656
전화번호	031-884-2081
기준출하량	210×1
믹스트럭 대수	20

⓯ 아주   비봉사업소

주소	경기도 화성시 비봉면 화성로1616번길 2-35
전화번호	031-355-4325
기준출하량	210×2
믹스트럭 대수	50

⓰ 한일시멘트   화성공장

주소	경기도 화성시 팔탄면 주석로778번길 100
전화번호	031-366-4890~2
기준출하량	210×2
믹스트럭 대수	28

⓱ 아주   병점사업소

주소	경기도 화성시 효행로 981
전화번호	031-232-2768
기준출하량	210×2
믹스트럭 대수	73

⓲ 유진   송도공장

주소	인천광역시 남동구 에코중앙로 11
전화번호	032-446-9111
기준출하량	210×2
믹스트럭 대수	54

⓳ 유진   인천공장

주소	인천광역시 동구 방축로62번길 37
전화번호	032-765-4111
기준출하량	210×2
믹스트럭 대수	54

⓴ 유진   서인천공장

주소	인천광역시 서구 약암로 1
전화번호	032-568-3211
기준출하량	210×2
믹스트럭 대수	50

㉑ 아주   인천사업소

주소	인천광역시 서구 중봉대로198번길 2
전화번호	032-577-6566
기준출하량	210×2
믹스트럭 대수	45

㉒ 쌍용   영종도사업소

주소	인천광역시 중구 영종해안북로702번길 115-95
전화번호	032-746-6682
기준출하량	210×1 / 270×1
믹스트럭 대수	14

강원권 및 충청권

❶ 쌍용　강릉사업소

주소	강원도 강릉시 연곡면 조부동길 236
전화번호	033-642-4080
기준출하량	210×1
믹스트럭 대수	4

❷ 쌍용　동해사업소

주소	강원도 동해시 삼화동 298번지
전화번호	033-531-8456
기준출하량	210×1
믹스트럭 대수	6

❸ 삼표　원주공장

주소	강원도 원주시 지정면 가곡리 875-7
전화번호	033-732-6002
기준출하량	150×1 / 210×1
믹스트럭 대수	12

❹ 유진　춘천공장

주소	강원도 춘천시 동산면 영서로 915
전화번호	033-262-2841
기준출하량	210×1
믹스트럭 대수	7

❺ 쌍용　춘천사업소

주소	강원도 춘천시 영서로 2497
전화번호	033-251-8801
기준출하량	150×1 / 120×1
믹스트럭 대수	15

❻ 한일　내선공상

주소	대전광역시 대덕구 대화로52번안길 50
전화번호	042-622-7701~3
기준출하량	210×1 / 180×1
믹스트럭 대수	34

❼ 유진　세종공장

주소	세종특별자치시 금남면 안금로 351-43
전화번호	044-866-2111
기준출하량	210×1
믹스트럭 대수	50

❽ 한일　세종공장

주소	충청남도 공주시 의당면 가산리 산18-2
전화번호	041-852-6560
기준출하량	210×2
믹스트럭 대수	45

❾ 삼표　당진공장

주소	충청남도 당진군 신평면 도성리 산 130-1
전화번호	041-362-8371
기준출하량	210×2
믹스트럭 대수	29

❿ 유진　아산공장

주소	충청남도 아산시 염치읍 아산로 645-50
전화번호	041-532-3511
기준출하량	210×2
믹스트럭 대수	17

⓫ 유진　천안공장

주소	충청남도 천안시 서북구 천안대로 980-18
전화번호	041-557-3111
기준출하량	210×1
믹스트럭 대수	22

⓬ 삼표　청원공장

주소	충청북도 청주시 흥덕구 강내면 부용남이길 181
전화번호	043-902-0010
기준출하량	210×1
믹스트럭 대수	20

⓭ 한일　청주공장

주소	충청북도 청주시 흥덕구 직지대로 307번길 3
전화번호	043-262-3630~4
기준출하량	210×2
믹스트럭 대수	31

전라권 및 경상권

❶ 쌍용   광주사업소

주소	광주광역시 광산구 어등대로621번길 23-10
전화번호	062-943-8313~4
기준출하량	210×1
믹스트럭 대수	20

❷ 유진   광주공장

주소	광주광역시 광산구 풍영정길 201
전화번호	062-954-4001
기준출하량	210×1
믹스트럭 대수	29

❸ 유진   나주공장

주소	전라남도 나주시 남평읍 교원교촌길 22-104
전화번호	061-331-3000
기준출하량	120×1 / 210×1
믹스트럭 대수	46

❹ 유진   군산공장

주소	전라북도 군산시 외항안길 210
전화번호	063-464-3301
기준출하량	210×1
믹스트럭 대수	10

❺ 쌍용   김해사업소

주소	경상남도 김해시 상동면 동북로437번길 47-17
전화번호	055-331-9100~1
기준출하량	210×1
믹스트럭 대수	19

❻ 한일   김해공장

주소	경상남도 김해시 장유면 대청로104번길 92
전화번호	055-313-3751~4
기준출하량	210×2
믹스트럭 대수	39

❼ 쌍용   창원사업소

주소	경상남도 창원시 성산구 연덕로 14
전화번호	055-281-9501
기준출하량	210×1 / 120×1
믹스트럭 대수	28

❽ 쌍용   구미사업소

주소	경상북도 구미시 해평면 과곡4길 17-12
전화번호	054-474-2371
기준출하량	120×1 / 210×1
믹스트럭 대수	15

❾ 쌍용   포항사업소

주소	경상북도 포항시 남구 섬안로46번길 40-0
전화번호	054-284-1851
기준출하량	210×2
믹스트럭 대수	21

❿ 한일   서대구공장

주소	대구광역시 달성군 화원읍 사문진로 384
전화번호	053-634-8400
기준출하량	210×2
믹스트럭 대수	41

⓫ 쌍용   대구사업소

주소	대구광역시 동구 반야월로 111
전화번호	053-963-4535
기준출하량	120×1 / 210×1
믹스트럭 대수	28

⓬ 쌍용   동부산사업소

주소	부산광역시 기장군 정관면 산단3로 92-49
전화번호	051-727-9040~1
기준출하량	210×2
믹스트럭 대수	28

⓭ 쌍용   서부산사업소

주소	부산광역시 사하구 신평동 370-5
전화번호	051-208-6611
기준출하량	210×2
믹스트럭 대수	37

⓮ 한일   부산사업소

주소	부산광역시 사상구 삼덕로 96
전화번호	051-305-9160~5
기준출하량	210×1 / 180×1
믹스트럭 대수	46

참고자료

단행본

문승호. 『건축시공기술』. 서울:기문당, 2006.

Allen, Edward·Iano, Joseph. 『건축시공 및 재료학』. 이한승(역). 서울:시공문화사, 2010

기관물

국토교통부·한국시설안전공단. 『소규모 취약시설 안전점검 매뉴얼』. 분류기호: DP-13-E6-053. 2013. 12

연속간행물(학술지, 잡지, 신문)

성원경. '콘크리트의 수명, 계속 늘어난다'. 「사보쌍용」. 2007. 10.

장지한. '혼화제 입장에서의 레미콘 품질관리 문제'. 「한국건설신문」, 2015. 12. 9

법령

『건축구조설계기준』(2005.4.6.)

『건축법 시행령』(2017.3.30.)

웹사이트

에이브리프 www.abrief.info

위드웍스 withworks.blogspot.kr

한국레미콘공업협회 www.krmcia.or.kr

한국시설안전공단 www.kistec.or.kr

한국패시브건축협회 www.phiko.kr

STM대광 www.3057.com

컨트리뷰터

곽상준, 이소정(OBBA 공동대표) www.o-bba.com, 02-501-5050, office@o-bba.com

곽희수(이뎀도시건축 대표) www.idmm.kr, 02-553-8896, idemm@chol.com

김양길(제이아키브 대표) www.jarchiv.com, 02-418-0852

김찬중(더 시스템랩 대표) thesystemlab.com, 031-701-2880, tsl@thesystemlab.com

박관혁(유진기업 인천공장 품질경영실장) www.eugenes.co.kr, 032-765-4111, khpark1@eugenes.co.kr

안재철(동아대학교 건축학과 교수) 051-200-0948, jcan222@dau.ac.kr

윤재민(제이엠와이아키텍츠 대표) jmy.architects@gmail.com, 051-244-4136

이승택(stpmj 공동대표) www.stpmj.com, 02-497-1397, info@stpmj.com

이정훈(조호건축사사무소 대표) www.johoarchitecture.com, 02-6257-9101, JOHO@johoarchitecture.com

한상우(콘크리트공작소 대표) www.concworkshop.com, 02-333-0449, concworkshop@naver.com